Acercarse a Dios

Para conocer más al Padre y lo que Él espera de Sus hijos

Diana Baker

Copyright © 2017 Diana Baker

Copyright © 2017 Editorial Imagen.
Córdoba, Argentina

Editorialimagen.com
All rights reserved.

Todas las referencias bíblicas son de la versión Reina-Valera 1960, copyright © 1960 by American Bible Society excepto donde se indica: Traducción en lenguaje actual (TLA) Copyright © 2000 by United Bible Societies. Nueva Traducción Viviente (NTV) La Santa Biblia, Nueva Traducción Viviente, © Tyndale House Foundation, 2010. Todos los derechos reservados. Palabra de Dios para Todos (PDT) © 2005, 2008, 2012 Centro Mundial de Traducción de La Biblia © 2005, 2008, 2012 World Bible Translation Center. Dios Habla Hoy (DHH) Dios habla hoy ®, © Sociedades Bíblicas Unidas, 1966, 1970, 1979, 1983, 1996. La Palabra (España) (BLP). La Palabra, (versión española) © 2010 Texto y Edición, Sociedad Bíblica de España

Todos los derechos reservados. Ninguna parte de este libro puede ser reproducida por cualquier medio (incluido electrónico, mecánico u otro, como ser fotocopia, grabación o cualquier sistema de almacenamiento o reproducción de información) sin el permiso escrito del autor, a excepción de porciones breves citadas con fines de revisión.

CATEGORÍA: Vida Cristiana

Impreso en los Estados Unidos de América

ISBN-10: 1-64081-004-8
ISBN-13: 978-1-64081-004-4

ÍNDICE

INTRODUCCIÓN 1

CONOCER A DIOS 3

    ¿Cómo es Dios? 4

    El pueblo vio a Dios 6

    Dios Padre 8

    ¿Cómo se llega a ver a Dios como Padre? 9

    ¿Cómo se logra una relación íntima con Dios? 10

    La búsqueda 11

    Dios es mi Señor 12

    Unos requisitos 12

    ¿Cómo se busca a Dios? 16

    Vida y crecimiento 19

A SOLAS CON EL SEÑOR 21

    ¿Qué es un devocional? 22

    ¿Por qué hacer un devocional? 22

    ¡No tengo tiempo para un devocional! 22

    ¿Cómo se acerca a Dios? 23

    A quién orar 24

    Escoger un Sitio Adecuado 25

    ¿Cuándo hacer el devocional? 25

    Duración 27

    Cómo llevar a cabo un devocional 27

    La importancia de la Biblia 27

    Leer la Palabra de Dios 28

    Cómo empezar 29

    Qué hacer en el devocional 29

Música	30
Conclusión	30

LA IMPORTANCIA DE LEER LA BIBLIA 33

Cómo crecer en la fe	35
Leer la Biblia	36
Cambiar nuestra manera de pensar	39

CON SU SANGRE 41

Somos hijos	44
¿Cuál es la importancia de la Sangre de Jesús?	45
¿Por qué es necesario derramar sangre?	46
El pan y el vino	48
Inmolado	49
La ley no puede quitar el pecado	50
La Sangre es nuestra protección	52
Vencedores	53
Nuestras armas	56

LA OBEDIENCIA 59

Hijos	60
Padres	61
Servidores	62
Jesús mismo es obediente	62
Rebeldía	64
El aspecto personal de la obediencia	65
La obediencia es una protección	66

NUESTRA LUCHA CONTRA EL ENEMIGO 69

La lucha	70
Nuestras armas espirituales	70

    Luchar con elementos físicos 75

    Conclusión 78

CANTAR DE LOS CANTARES **79**

    El libro poético 81

    Un corto resumen 82

    Referencias Proféticas 84

    Un amor completo 85

    La novia 87

    El novio 89

Más Libros de la Autora **93**

INTRODUCCIÓN

Es el deseo de Dios hacerse conocer por Su máxima creación - el hombre. Con ese fin fue creado el hombre y la mujer: para tener una estrecha relación con su amado Creador.

Aunque la caída en el Edén ha tenido su terrible consecuencia, los propósitos eternos de Dios para el hombre no han cambiado y llegar a darse cuenta de esa realidad es sumamente abrumador.

La Biblia es la historia de la revelación de Dios al hombre. Paulatinamente Él se da a conocer a través de la historia de la humanidad hasta que irrumpe en esa historia en la revelación completa - Dios mismo hecho hombre en la Persona de Jesús.

Mientras estemos en la tierra Dios siempre estará rodeado de misterios y lo que no se puede comprender. Pero hay mucho que sí podemos saber y Dios se place en revelarse a Sí mismo a aquellos que lo buscan y realmente quieren conocerle y tener una relación de amigo íntimo y amado íntimo. Le place a Dios hacerse conocer; le place ser amado por su creación. Ahora, eso no significa que será algo fácil porque llevará su tiempo y esfuerzo. Pero vale la pena.

Dios no se regala a cualquiera; lo que ofrece es de tanto valor que solamente es para aquel que está dispuesto a sacrificarse a obtenerlo. Es como un tesoro escondido. Dios se esconde pero le encanta ser encontrado porque después de una búsqueda larga, el gozo del encuentro es mucho más grande. Y cuando has encontrado a tu Amado en esa relación estrecha y única, no soltarás lo que te costó tanto obtener. Es tu tesoro y nadie te lo puede arrebatar; es tuyo para siempre.

Diana Baker

CONOCER A DIOS

Cuando David tuvo que huir al desierto, no fue una situación fácil para él. El siguiente salmo es una canción que compuso y le cantaba a Dios en ese tiempo.

"Dios mío, tú eres mi Dios. Desesperado te busco.
Con ansias te busco desde que amanece, como quien busca una fuente en el más ardiente desierto.
¡Quiero verte en tu santuario, y contemplar tu poder y tu grandeza!
Más que vivir, prefiero que me ames.
Te alabaré con mis labios. ¡Mientras viva te alabaré!
¡Alzaré mis manos para alabarte! ¡Con mis labios te alabaré y daré gritos de alegría!
¡Eso me dejará más satisfecho que la comida más deliciosa!
Me acuesto y me acuerdo de ti; durante toda la noche estás en mi pensamiento." Salmo 63:1-6 (TLA)

David conocía a Dios y confiaba en Él pues lo había librado de muchos peligros. Dios era su amigo y su protector, el guía de su vida. Pero aun así, David no estaba satisfecho y quería más de Dios. Eso lo vemos claramente en este salmo. Es más, tenía una desesperación por estar cerca de Dios. Esto le place a Dios. Santiago 4:5 nos dice que Su Espíritu nos anhela celosamente. Así que le place cuando Sus hijos lo anhelan a Él, y lo anhelan con ansias y desesperación.

¿Cómo es Dios?

Veamos lo que dice Proverbios 2: 3-5

"Si clamares a la inteligencia, Y a la prudencia dieres tu voz; Si como a la plata la buscares, Y la escudriñares como a tesoros, Entonces entenderás el temor de Jehová, Y hallarás el conocimiento de Dios"

"Clama por inteligencia y pide entendimiento. Búscalos como si fueran plata, como si fueran tesoros escondidos. Entonces comprenderás lo que significa temer al Señor y obtendrás conocimiento de Dios."(TLA)

Supongamos que una gran suma de dinero fuese enterrado cerca tuyo, y sería tuyo si lo encontraras. ¿Te quedarías sentado sin hacer nada? No, empezaríamos a buscarlo, y a ¡buscarlo sin perder tiempo!

El 'tesoro' del conocimiento de Dios que está oculto dentro de la Palabra de Dios es de mucho más valor que cualquier fortuna terrenal.

Y también requiere buscarlo. Este tesoro celestial está deliberadamente oculto, ya que no está diseñado para aquellos que son mediocres, o indiferentes, y no están dispuestos a sacrificarse en una búsqueda difícil.

En cuanto al conocimiento de Dios hacen falta tres cosas:

- el conocimiento de Dios debe ser muy valorado
- debe ser sinceramente deseado
- y diligentemente buscado.

LaMar Boschman en su libro "El Corazón de un Verdadero Adorador" dice:

> "El Ser divino mora en la complejidad, oculto detrás de la nube de lo desconocido. A causa de la nube, no podemos ver a Dios por medio de nuestro propio entendimiento o sentirlo por medio de nuestras emociones.
>
> No podemos realmente contestar a la pregunta de cómo es Dios. Pero podemos contestar esta pregunta: ¿Qué ha revelado Dios acerca de Si mismo?"

La Biblia es el único lugar donde podemos encontrar esa respuesta.

Tenemos la Biblia porque Dios desea revelarse y desea que Sus hijos lo conozcan. Pero de la misma manera que Jesús habló en parábolas para que solamente los que verdaderamente amaban a Dios lo entendieran, así Dios se da a conocer solamente al que lo busca con sinceridad y afán.

Puedes conocer a Dios de dos maneras.

Puedes conocer acerca de Él y lo puedes conocer como conoces a un amigo o un cónyuge que sería un conocimiento íntimo.

Tengo un vecino…lo he visto, sé algunas cosas acerca de él pero no lo conozco. Pero sí conozco a mi esposo con quien tengo una relación estrecha.

¿Cómo conoces a Dios, como tu vecino o como el ser más íntimo?

Dios llama a la iglesia Su novia. Somos la novia de Cristo – ¿eso habla de un conocimiento como de un vecino? Creo que habla de una relación muy, muy íntima.

Vamos a la iglesia y cantamos, alabamos, adoramos pero ¿conocemos a la persona a quien le cantamos? ¿Cómo podemos adorar a Dios si no lo conocemos? ¿Cómo podemos hablar de Dios a otros si no lo conocemos de verdad?

Dios nos ama con un amor tan intenso y espera de nosotros que lo amemos de la misma manera. No lo amamos de verdad si no tomamos el tiempo para conocerlo. Si sólo vamos a la iglesia y pensamos que 'cumplimos' con Dios, no hemos entendido mucho de lo que significa ser un hijo de Dios.

Nuestra vida es un <u>camino constante de conocer a Dios</u> y siempre debemos tener el deseo de conocerlo más.

El pueblo vio a Dios

Sabemos que Dios es el Creador de todo el universo - que lo sabe todo, que es eterno, que es todopoderoso, que es santo, es justo etc.

Dios se dio a conocer a Sí mismo al pueblo de Israel en los tiempos de Moisés cuando salieron de Egipto. Pero, para nuestra sorpresa, no fue una experiencia agradable. Dios no se dio a conocer en Su faceta amorosa o como misericordioso. En esa oportunidad la gente vio un Dios grande, temeroso, de fuego y trueno que daba miedo y ni siquiera desean acercarse a Él por el miedo que les causaba y ¡por miedo a morir!

Veamos Éxodo 19:16-19

"En la mañana del tercer día, retumbaron truenos y destellaron relámpagos, y una nube densa descendió sobre el monte. Se oyó un fuerte y prolongado toque de cuerno de carnero, y todo el pueblo tembló. El monte Sinaí estaba totalmente cubierto de humo, porque el Señor había descendido sobre él en forma de fuego. Nubes de humo subían al cielo como el humo que sale de un horno de ladrillos, y todo el monte se sacudía violentamente. A medida que el sonido del cuerno de carnero se hacía cada vez más fuerte, Moisés hablaba y Dios le respondía con voz de trueno." (NTV)

Y también Éxodo 20:19

"Entonces le dijeron a Moisés: Háblanos tú y te escucharemos, pero que no nos hable Dios directamente, ¡porque moriremos!" (NTV)

Sí, Dios es temible y digno de ser reverenciado, que castiga el pecado por ser justo. El pueblo de Israel, en esa oportunidad, vio Su grandeza y gran poder. Vieron un Dios <u>vivo</u> y real - un Dios con el cual no se juega. La gente tuvo miedo porque vieron una faceta de Dios - Su santidad, Su justicia - en que ningún pecado puede entrar en su presencia.

Pero cuando Moisés subió a la montaña para hablar con Dios, no le tuvo miedo. Tenía reverencia y temor de Dios pero no miedo porque Moisés pasaba mucho tiempo hablando con Dios y había una relación íntima de amistad entre ellos.

Vivimos en un tiempo de la historia privilegiado porque Jesús ya ha venido y podemos, por Su sangre, entrar confiadamente en la presencia de Dios. Podemos acercarnos a Dios - Él nos ha dado permiso para acercarnos y acercarnos ¡como hijos! El hijo tiene más privilegios que un amigo.

Dios Padre

¿Cómo llamó Jesús a Dios? Lo llamó Padre y nosotros también tenemos ese privilegio tan grande de conocer a Dios, Creador de todo, como Padre.

Cuando aceptamos a Jesús en el corazón, sentimos a Jesús dentro de nosotros, pero vemos a Dios algo distante - como el gran Creador y Dios magnifico y poderoso que Él es.

No se nos ocurriría presentarnos delante de algún rey de este mundo sin previo aviso y menos acercarnos para hablar con él a menos que fuésemos llamados. Pero a Dios, quien es por sobre todos los reyes terrenales, sí podemos acercarnos con confianza porque desea que lo conozcamos como padre – no un ser lejano sino la persona con la cual tienes más confianza.

Cuando leemos los evangelios vemos que Jesús tenía una relación muy íntima con Dios y lo llamaba Padre. Que hermosa unidad que vemos entre Jesús y su Padre. Jesús no hacía nada solo...todo estaba guiado por Su Padre.

¿Cómo nos enseña Jesús a acercarnos a Dios? Nos enseñó a presentarnos delante de Dios diciendo: Padre nuestro.

Sí, tenemos permiso y autoridad para llamar al gran Dios: Padre.

¡Vaya! El magnífico y supremo Dios, incomparable en Su grandeza se digna a bajar de Su alto trono para ser alguien tan cercano y tan pegado a mí...para ser mi papá.

Pero en la práctica... ¿lo sientes como padre?

Si todavía eres un cristiano nuevo es más que probable que te cueste ver a Dios como Padre. Los Israelitas en el monte Sinaí no vieron a Dios como padre...vieron Su magnificencia, Su grandeza, Su santidad y Justicia. Él es así, es verdad. Pero Dios nos llama a acercarnos a Él y entablar una relación con Él hasta el punto de llamarlo Padre. Qué contraste más increíble.

El inmenso Dios del universo no tiene soberbia ni temor para baja a nuestro nivel. Es más, es algo que Él <u>desea</u> hacer porque le encanta estar cerca de nosotros. ¿Tienes esa relación con Dios? ¿Puedes llamarlo Padre? ¿Estás en el regazo de Dios, pegado a Su pecho y sintiendo Su abrazo o aún estás lejos?

¿Cómo se llega a ver a Dios como Padre?

Generalmente una relación lleva bastante tiempo para ir conociéndose. Cuando recién entras en el camino de la fe sólo ves a Dios de lejos pero la meta es ir acercándose cada día hasta tener una relación íntima con Dios y poder llamarlo Padre.

¿Cómo se logra tener un amigo cercano? No se logra rápidamente sino después de pasar un tiempo de ser sólo un amigo y luego, después de conocerse más, llega a ser el mejor amigo. Lo mismo pasa al comenzar la relación con él/la que será nuestra pareja. El momento de conocerse uno no está listo para intimar y vivir juntos; lleva el proceso de conocerse más y más hasta que uno siente que no puede vivir sin el otro.

De la misma manera conocemos a Dios – es un proceso de ir acercándonos al entablar una relación diaria. Las situaciones de la vida nos proporcionan ocasiones para comprobar la fidelidad de Dios y eso nos lleva a profundizar más nuestra amistad con Él.

Dios es una Persona: piensa, toma decisiones, habla, escucha. Si tú nunca, o pocas veces le hablaras a un amigo o a tu pareja, ¿seguiría esa relación? ¡Claro que no! Si tú hablaras todo el tiempo y nunca o pocas veces le escucharas a tu amigo o pareja, ¿seguiría esa relación por mucho tiempo? ¡Claro que no! Entonces, ya entiendes cómo acercarte a Dios – es por medio de hablar y escuchar, como se hace con cualquier amigo.

Cuando leemos la Biblia estamos escuchando la voz de Dios que nos habla. Cuando oramos estamos hablando a Dios, Él escucha y nos contesta. A veces puede contestar inmediatamente y otras veces es necesario esperar por esa contestación. Si la respuesta demora es porque no es el momento apropiado. Pero Dios siempre contesta.

Ese momento a solas con el Padre es necesario para todos, y todos los días, y así, poco a poco, a través de lo que aprendemos de Él y de lo que vivimos, llegamos a acercarnos a Dios Padre y ser íntimos amigos.

¿Cómo se logra una relación íntima con Dios?

Volvamos a los tres puntos del principio.

a) Primero hace falta reconocer el gran valor del conocimiento de Dios y quién es Dios.

b) El segundo punto era tener un inmenso deseo de acercarse.

Moisés quería más de Dios. Veamos Exodo 33:18

"Moisés respondió: Te suplico que me muestres tu gloriosa presencia. Déjame verte en todo tu esplendor, insistió Moisés."

c)   Y la tercera cosa era una búsqueda apasionada.

Son tres cosas que yo debo hacer.

La búsqueda

¿Cómo se llega a conocer a alguien? – pasando tiempo juntos. Es así de fácil. Sólo que conocer a Dios te va a llevar tiempo, esfuerzo paciencia y pasión. Es fácil y es difícil.

El primer paso es asegurarnos de que estamos en una situación correcta para buscar a Dios. Muchas veces esa situación se lo describe como el camino de Dios. Ahora, no se puede jugar con Dios – o estás en el camino de Dios o no lo estás. Ir a la iglesia no significa que estás en el camino de Dios.

Muchos van a la iglesia con el pensamiento que es como un club - les gusta encontrarse con genta buena, o porque reciben ayuda de alguna índole, escuchan un buen mensaje pero no cambian en nada, van para pedir y para que oren por él.

Bueno, definamos lo que es ser un cristiano...porque alguien que meramente va a la iglesia no es un cristiano. El cristiano es alguien que ha acepado a Cristo como su Salvador y ha pedido perdón por sus pecados y deja a un lado su vida lejos de Dios. Su espíritu se une con el Espíritu de Cristo para así vivir en una unión perfecta con Él.

La Biblia enseña que al aceptar a Cristo somos hechos coherederos con Él y que nos sienta con Él en lugares celestiales. Empezamos desde arriba, pero la profundidad y el conocimiento de nuestro Salvador es un viaje - un viaje que lleva tiempo.

Si hacemos este viaje con el sincero deseo de conocer al Señor verdaderamente, con seguridad Él se va a revelar. Y se incrementará nuestro amor por Él.

Dios es mi Señor

Si eres cristiano y estás en el camino de Dios, Dios es tu Señor…significa que ya no vives según tus propios deseos y antojos sino que primero le pides a Dios que te guíe en todas las cosas. No porque Él quiera anular tu voluntad sino porque Él sabe mejor y te va a guiar a lo mejor siempre. Pero tu actitud es que siempre está Dios primero en todas las cosas y todas las áreas de tu vida, no tú. Ser cristiano no es aceptar a Cristo y luego hacer como tú quieres. Si Cristo no es tu cabeza, él que manda - si Él no está guiando tu vida - estás jugando a ser cristiano. Así no vas a conocer a Dios.

No se puede ir a la iglesia…todo muy bonito… y luego en la casa, Dios ni entra. Si Dios es tu Señor, tu dueño, tu amo, Él está contigo cada minuto del día y te mantendrás en Su camino constantemente. En tu casa vas a ser tan espiritual como en la iglesia y vas a enseñar a tus hijos a amar a Dios sobre todas las cosas porque es lo más importante que le puedes enseñar. Les enseñarás por tu palabra y por tu ejemplo. Si no, se harán rebeldes porque no ven honestidad sino sólo falsedad y mentira en tu comportamiento.

Unos requisitos

1. Primero, para conocer a Dios, tu vida tiene que estar en el camino, guardando los preceptos que leemos en la Biblia, esforzándose para mantenerse en santidad y obediente a los mandatos de Dios.

Con Dios no se juega. Él sabe todo y sabe si tenemos un pie en la iglesia y el otro en el mundo. Así no se puede complacer a Dios y recibir la bendición que Él tiene para nosotros.

Cuando tomas la decisión de vivir rectamente y obedecer a Dios en todo, recién entonces, estás listo para empezar a conocer a Dios.

Dios no se revela a los que juegan a la iglesia – a los que en su casa son diferentes y no viven para agradar a Dios.

Cuando quieres conocer a Dios y deseas agradarle y obedecerle y Él es tu Señor, entonces estás listo para que Dios se revele a ti.

2. La búsqueda lleva tiempo y paciencia y sacrificio. Si no lo buscas, Dios no se te va a revelar a ti. Dios necesita ver tu fervor, tu pasión, tu desesperación. Este proceso llevará tiempo y llevará paciencia.

Esto nos cuesta mucho porque vivimos en unos tiempos donde todo es inmediato y queremos todo instantáneamente. Pero Dios no tiene prisa como nosotros. Si conoces la Biblia sabrás que los grandes hombres de Dios tuvieron que pasar mucho tiempo esperando la respuesta prometida por Dios.

Walter Beuttler, un reconocido profesor de una escuela bíblica en Estados Unidos (Eastern Bible Institute) cuenta su experiencia que nos puede enseñar mucho sobre la importancia de buscar a Dios para conocerlo más:

> "Hace varios años, el Señor me pidió que me encerrase con Él. Encontré un lugar donde podía estar totalmente a solas con el Señor, en ayuno y oración.

El domingo por la tarde, me di cuenta de que había pasado 48 horas en la oración, el ayuno y la búsqueda del Señor, sin resultados. Yo no había sentido ni recibido nada, ni era consciente de su presencia.

Sabía que el Señor quería hablar, pero no lo hizo. Entonces dije en mi corazón: "Lleva mucho tiempo para que Dios hable." Apenas había dicho esto, que el Señor me habló con una voz que era tan clara, y tan afilado como una navaja de afeitar. Esta fue una voz que no era audible, pero una voz que yo escuché. Él dijo: "Pedir a Dios que se dé prisa es encontrar fallas en Él." El Señor me dijo que lo estaba criticando porque pensaba que era demasiado lento. Me disculpé y le pedí que me perdonara.

Tan pronto me disculpé, el Señor entró por la puerta a la habitación donde yo había estado esperando en Él. No lo vi ni lo oí, pero era tan real que la vista no podía haberlo hecho más real. El Señor entró, y Su presencia siguió detrás de Él, como si fuese un dignatario real caminando hacia su trono con un manto largo que le seguía por detrás pero que luego se extendió por toda la habitación. El Señor vino y se puso a mi izquierda, aproximadamente a un brazo de distancia, y Él se quedó allí durante cuatro horas.

Durante ese tiempo, Él me enseñó de Su Palabra sobre el tema de "Conocer a Dios". Me daba un versículo de las Escrituras que encontraba y leía. Entonces ese versículo se desplegaba maravillosamente para que

> pudiera ver su belleza, su profundidad y propósito. Dios estima muy importante que lo conozcamos. Este es un 'conocer' que incluye el conocimiento y la experiencia personal de la 'manifiesta presencia de Dios'.
>
> El diablo odia que conozcamos personalmente a Dios. Él no quiere que el pueblo del Señor experimente la 'presencia personal de Dios' en sus vidas."

Después de la visitación de Dios, vino el diablo a tentarlo para que negara todo lo que había experimentado con el Señor anteriormente. Cuando pensaba que ya no tenía más fuerzas para seguir la lucha, el Espíritu Santo se manifestó dándole le fuerza necesaria y el diablo huyó.

El profesor sigue su relato:

> "Creo que la razón por la que el diablo trató de derrotarme con tanta fuerza se debe a la importancia vital de este mensaje de 'conocer personalmente al Señor' y de la 'realidad de Su presencia manifiesta'."

El diablo intentará de muchas maneras disuadirte de tus intenciones de acercarte a Dios. Trabajará en tu mente para que pienses que es una pérdida de tiempo o que Dios no te escucha etc. etc.

Dios demanda de nosotros un sacrificio, no acepta la limosna, no acepta lo barato. Por eso buscar a Dios te va a costar algo.

Dios no es hombre. Es Dios incalculable de grande. ¿Quién somos nosotros para querer manipular a Dios para que haga según nuestros deseos?

Él es un tesoro tan grande que no se va a dejar conocer por alguien que no esté dispuesto a sacrificar su tiempo o su dinero o lo que sea para conocerlo. Algún sacrificio te va a costar. Pero te aseguro que vale la pena.

Es muy alentador leer libros de testimonios de personas en su búsqueda de Dios. Uno aprende muchísimo.

¿Cómo se busca a Dios?

¿Cómo te haces un amigo? ¿Cómo conociste a tu cónyuge? Pasando tiempo con la otra persona. ¿Cómo es cuando uno está enamorado? No alcanzan las horas para estar con la otra persona. Buscar a Dios es pasar tiempo con Él – leyendo Su Palabra, hablando con Él, meditando o simplemente en silencio en espera de que Él tome la iniciativa.

Nuestra relación con el Señor es una aventura de amor - cada día te enamoras más a medida que descubres más cosas acerca de Él y a medida que Él se revela a ti de forma particular (porque se revela a cada uno de diferentes maneras). O tal vez nunca has tenido una visión pero cuando lees la Palabra entiendes algo y sabes que es una revelación directa de Dios para ti.

¿Puedes entender que un hijo no le hable nunca al padre o la madre?

Este hijo puede decirles a todos que es hijo de fulano de tal pero si no le habla nunca, no hay ningún vínculo. Vive bajo el mismo techo pero no hay comunión y no hay muestra de amor.

Dios ya ha hecho el primer paso y ya nos ha hablado por medio de la palabra escrita. Nos ha dado el sacrificio de Su hijo para abrir las puertas de Su presencia y nos ha dado Su Palabra para que aprendamos cómo vivir, qué es lo que le place a Dios y crecer en ese conocimiento.

¿Piensas que se puede vivir la vida cristiano, llamarse hijo sin hablar con el Padre y sin leer Su Palabra? ¡Qué presunción! Pero ¡qué estupidez! ¡Qué necio!

Jesús dijo: "Sin mí, nada podéis hacer." ¡Y nos creemos tan listos que podemos vivir sin leer Su Palabra cada día! ¿Te crees suficientemente fuerte como para vivir sin la ayuda que Dios te brinda? O tal vez piensas que es suficiente ir a la iglesia y que oren por ti. Eso no es correcto y te engañas a ti mismo. Así no crecerás y siempre estarás en derrota.

No amar la Biblia es despreciar a Dios. No leer la Palabra es menospreciar el regalo de Dios para ti y es despreciar a Su misma Persona.

Él ya ha hablado, por medio de Su Palabra y está a nuestro alcance en todo momento. Es un desprecio muy grande no querer saber lo que Dios nos dice y es como darle la espalda.

Tu fe no puede crecer sin el conocimiento de la Palabra.

Cada persona cristiana está en el camino y debe buscar la fuerza para sí misma. Dios desea que cada hijo crezca y se acerque a Él para recibir personalmente lo que necesita y no que dependa de los demás.

El conocimiento de la Palabra nos da, directamente de Dios, la fuerza y la sabiduría que necesitamos.

El que no conoce la Palabra vivirá en derrota siempre. Esa persona va a la iglesia solamente para recibir. Dios no es su Padre sino como una máquina que le dices dame, dame, dame. Se está engañando creyendo que lo puede hacer sólo y le está agradando al diablo que no desea que conozca las verdades y secretos de Dios. Esto le entristece a Dios ya que este 'hijo' no ha entendido lo más elemental de la fe.

No vemos a Dios pero lo 'tenemos' en la forma de Su Palabra. En ella está todo lo que Él te quiere decir. Esta es tu agua de todos los días, la comida de todos los días - no puedes vivir sin comer y beber de ella.

Tal vez la pereza es tu problema. La persona perezosa no logra nada y no le da placer a Dios. Dios lo pasa de largo…esa persona no es apta para el Reino. Porque Dios no obliga nada a nadie – <u>Es tu decisión.</u>

Es el valiente el que logra las victorias…el que sale de su comodidad y se mueve y busca y se esfuerza para saber más, para entender más, para hacer algo para Dios.

El enamorado va en busca de su amor. El enamorado de Dios lo busca en Su Palabra.

David lo expresa así en Salmo 42:1-2

"Así como un ciervo sediento busca un río, así, Dios mío, te busco a ti. Tengo sed de Dios, del Dios de la vida." (DHH)

Cuando Dios ve que realmente lo amas…que sinceramente quieres más de Él…que en verdad quieres acercarte a Él, Él se va a revelar a ti.

¿Cómo lo sé? Porque la Biblia dice que Él no es deudor de nadie. Él no debe nada a nadie; por lo tanto si has demostrado que genuinamente lo amas y lo buscas, en algún momento Él se va a revelar a ti. Y cuando recibes esa revelación sabes que has recibido algo grande…has recibido un tesoro…has recibido algo que no se te borra nunca y es tuyo y sólo tuyo.

Vida y crecimiento

Toda cosa viva crece. Un bebé no queda como bebé...cada día va creciendo y madurando y aún de adulto sigue madurando. Así debe ser nuestro caminar con Dios - un aprendizaje y un constante renuevo.

Si no estamos creciendo y aprendiendo estamos muertos. Nuestra vida es un camino constante de conocer a Dios y siempre debemos tener el deseo de conocerlo más.

Al comenzar un nuevo año, como cristianos, es frecuente hacer una evaluación del año anterior. ¿Estoy en el mismo lugar que el año pasado o he crecido espiritualmente?

Si no estamos creciendo, ¡estamos muertos! El muerto no se mueve, está quieto y no pasa nada en él. ¿Estás muerto? ¿Hay algún movimiento en tu espíritu o estás satisfecho cómo estás?

Dios espera crecimiento y que progresemos - como Pablo, que dice en Filipenses 3:14

"Sigo avanzando hacia la meta para recibir el premio celestial al cual Dios nos llama por medio de Cristo Jesús."

Moisés conocía a Dios y aun así pidió más - ¡quería más de Dios! Pidió ver Su gloria. Pensaba que si no veía su gloria se moría...tenía tanta pasión.

David también, como acabamos de leer en Salmo 42:1 y 2

Dios ha hecho Su parte - Él te dice: me puedes llamar papá. Nos ha dejado la Biblia para conocerlo. Nuestra parte es acercarnos a Dios cada día; se hace abriendo Su carta de amor a nosotros, cada día.

Y no es cuestión de leer de cualquier manera, como si fuese una novela, se lee con la actitud de ver qué es lo que te quiere dice.

Para mostrarle al Padre que vas en serio, te sugiero leer con un cuaderno y una lapicera. Primero para mostrarle a Dios que realmente esperas que te hable y te revele algo. Y porque cuando Dios te hable querrás anotarlo para no olvidarlo. Nuestra memoria falla y es muy bonito, después de un tiempo, volver a leer las cosas que Dios nos ha confiado.

Si tú lees sin esperar respuesta, no vas a recibir nada. Tienes que leer con sinceridad, leer queriendo saber algo acerca de Dios y esperando que Él te revele algo. Si no deseas esto, Él no te lo va a dar - tienes que desear más de Él.

La Biblia no es un libro mágico: leer y tener automáticamente la respuesta. No, todo depende de la sinceridad de tu corazón.

Nadie te obliga a nada. Dios no te obliga pero Él te anhela y te ama con tanta pasión que Él merece que le respondamos de la misma manera. Lo más maravilloso es que nosotros salimos ganando porque siempre el Señor nos dará más a nosotros que nosotros a Él.

¿Por qué esforzarme tanto para buscar a Dios?

- Porque Él lo merece
- Porque vale la pena - el tesoro que encontrarás no tiene precio.
- Si no lo haces te estancas y te mueres.

¿Estás dispuesto a buscar tu tesoro escondido? ¿Deseas esa perla de gran valor? ¡No dejes para mañana lo que puedes hacer hoy!

A SOLAS CON EL SEÑOR

"Jesús siempre buscaba un lugar para estar solo y orar."
Lucas 5:16 (TLA)

"Tú, cuando ores, apártate a solas, cierra la puerta detrás de ti y ora a tu Padre en privado. Entonces, tu Padre, quien todo lo ve, te recompensará y te dará lo que le pides en secreto."
Mateo 6:6 (NTV)

Desde el momento que aceptamos a Jesús como nuestro Señor y Salvador es vital que pasemos un tiempo a solas con nuestro Padre Dios todos los días. Como el cuerpo necesita comida para alimentarse, así nuestro espíritu necesita su alimento también y no hay otra manera que buscar al Señor y pasar tiempo con Él. Necesitamos tener comunión con nuestro Dios.

Es un tiempo de suma importancia para el creyente ya que es el momento de recibir de Dios directivas específicas, enseñanzas, revelaciones etc. para así crecer y fortalecerse en la fe.

¿Qué es un devocional?

Es la palabra que se usa para describir el tiempo que pasamos a solas con el Señor.

Es un tiempo durante el día que apartamos especialmente para estar a solas con Dios. Nuestro anhelo es conocer más a Dios y lo que Él pide de nosotros, y esa es la forma de lograrlo. Es cuando dejamos todo a un lado para estar con Él y pasar tiempo con Él.

¿Por qué hacer un devocional?

Todo deportista o músico etc. pasa horas y horas cada día entrenándose para lograr la meta tan deseada. Nuestra meta como creyente es acercarnos a Dios para conocerle y fortalecernos en la fe para servirle con excelencia según los dones que nos otorgue. El tiempo que pasamos a solas con Dios es nuestro entrenamiento. Sin sacrificio no se logra nada. Sin pasar tiempo con Dios no se logra nada que valga la pena y la vida será una derrota.

¡No tengo tiempo para un devocional!

Tenemos un enemigo real que constantemente nos pone trabas para crecer y hacer lo bueno. Es posible que ya te ha puesto el pensamiento en tu mente que no tienes tiempo para orar, que estás demasiado ocupado para pasar tiempo con Dios y que tienes demasiadas cosas que hacer.

Martín Lutero es célebre por el siguiente comentario: "Tengo tantas cosas que hacer hoy que voy a necesitar pasar tres horas en oración para poder lograrlo." Había aprendido que el tiempo en oración es el uso más poderoso y eficiente del tiempo.

Sería bueno hacer un análisis de cómo pasas las horas del día. Tal vez te sorprendas y te des cuenta que pasas demasiado tiempo en cosas innecesarias (como ver la televisión o películas, el internet etc.).

Pasar tiempo con el Señor no será fácil al principio, es algo que uno mismo se impone (al principio), pero luego llega a ser un deleite.

Martín Lutero también dijo: Ser un cristiano sin pasar tiempo en oración no es más posible que estar vivo sin respirar.

Pasar tiempo con el Padre es la mayor inversión en el día que podemos hacer. Hazte la pregunta: ¿Qué puedo cambiar en mi vida para tener más tiempo para dedicarle a la oración?

¿Cómo se acerca a Dios?

¿Te acuerdas cuando encontraste alguien especial y querías conocerlo/la mejor? Se hicieron amigos y buscaban la manera de verse, de hablar por teléfono, de mandarse mensajitos, de chatear etc. Los amigos conversan juntos, hablan y uno escucha al otro. De la misma manera es acercarse a Dios para conocerlo mejor...se pasa tiempo juntos.

Si quieres una relación íntima con el Señor lo puedes tener, pero es necesario cultivar esa relación a través de pasar un tiempo a solas y un tiempo de conversación.

¿Te acuerdas cuando te enamoraste? No te alcanzaban las horas para estar con tu amor y buscabas cualquier motivo para verse. Lo mismo con nuestro conocimiento del Señor. Cuando nos enamoramos de Él ya no es una carga venir a Sus pies para estar con Él, más bien es un deleite.

A quién orar

El hecho de que Dios sea una trinidad puede causar un poco de confusión. ¿A quién se debe orar, al Padre, a Jesús o al Espíritu Santo?

Jesús enseñó a sus discípulos a orar a Dios, dirigiéndose al Padre, en el nombre de Jesús. Por supuesto que eso está bien. Algunos tal vez tienden a dirigirse a Jesús porque están más familiarizados con la figura de Jesús.

Antes de seguir, es bueno aclarar que la Trinidad son tres Personas diferentes, que realizan diferentes cosas pero que a la vez son uno solo y no hay rivalidad entre ellos.

Dios es Padre y Jesús es Hijo, ambos tienen el mismo poder pero Jesús aclaró que hay cosas que solamente el Padre sabe (Marcos 13:32).

También hay cosas que son realizados por los tres juntos como por ejemplo la creación fue obra de los tres (Génesis 1:2; Colosenses 1:16).

Dios Padre es Dios Supremo.

Jesús, como Hijo, es sumiso al Padre, no obstante tiene la misma autoridad y poder. Jesús es nuestro Salvador – él que ha logrado para nosotros que podamos ser libre del pecado y abrirnos el acceso a Dios y el Cielo.

El Espíritu Santo nos hace sentir la presencia de Jesús aquí en la tierra, nos ayuda constantemente y nos da el poder para vivir la vida cristiana. Es Dios mismo en nosotros las ¡24 horas del día!

Por lo tanto si oras al Espíritu Santo, no se van a poner 'celosos' el Padre ni el Hijo. No hay rivalidad entre las tres Personas sino un Amor tan perfecto que no podemos entender. Uno apoya al otro y uno complementa el otro.

No te preocupes si no entiendes completamente; nuestra mente finita no puede entender la grandeza de Dios y debemos aceptar lo que aprendemos en la Palabra por fe.

Escoger un Sitio Adecuado

El devocional es un tiempo a solas con Dios. Por lo tanto necesitas buscar un momento del día donde puedes lograrlo - en un lugar tranquilo de la casa y sin distracciones ni ruidos molestos porque uno se tiene que concentrar en tener intimidad con el Señor. Realmente no se puede hacer un devocional si hay niños corriendo por la casa o la televisión encendida etc. etc. Por eso levantarse más temprano por la mañana es ideal mientras los demás aún están acostados.

¿Cuándo hacer el devocional?

Cada persona debe buscar el mejor momento del día según su circunstancia. Por lo general todos llevamos una vida ajetreada así que será necesario hacerse el tiempo para estar con Dios y reconocer que eso es lo más importante del día.

Algunos se sienten más lúcidos por la noche y prefieren apartar un tiempo de la noche para acercarse a Dios. Jesús a veces pasaba la noche orando. (Ver Lucas 6:12) Otras veces se levantaba temprano para hablar con Su Padre. (Ver Marcos 1:35)

Según Salmo 63:1 David prefería buscar a Dios temprano por la mañana.

"Dios, Dios mío eres tú; de madrugada te buscaré; Mi alma tiene sed de ti, mi carne te anhela, En tierra seca y árida donde no hay aguas."

Proverbios 8:17 nos enseña algo interesante:

"Yo amo a los que me aman, Y me hallan los que temprano me buscan."

No se puede hacer un devocional correctamente si estás cansado y/o con sueño. Puedes probar levantándote un poco más temprano. Generalmente por la mañana nuestra mente está más despejada y uno se concentra mejor. La mañana es un buen momento porque así ponemos a Dios antes que cualquier cosa que nos toca ese día. Él es primero y lo más importante. Además cuando empezamos el día con Dios y le entregamos ese día, tenemos la confianza que Él nos acompaña y nos ayuda en todo lo que tenemos que hacer.

Larry Christensen cuenta su testimonio en el libro "Ni Tan Solo Una Hora" y que tomó la decisión de no comer bocado para alimentar su cuerpo hasta que primero no haya alimentado su espíritu. Hay grandes bendiciones cuando ponemos a Dios ante cualquier cosa.

Aunque aquí estamos hablando de un devocional, un tiempo específicamente apartado para estar a solas con Dios, es maravilloso saber que se puede hablar con Dios en cualquier lugar y a cualquier hora. Esta es una ventaja inmensa para nosotros. ¡Tenemos acceso al Creador y Rey del universo cuando queramos!

No hace falta esperar el momento de tu devocional para hablar con Dios sino que dónde estés y a toda hora, nuestro Padre está disponible para escucharnos y atender nuestras necesidades. Puedes estar caminando, o en el ómnibus, o pelando las papas y llevar a cabo una conversación.

Duración

No hay regla fija para la duración del devocional personal. Puedes empezar con apenas 5 o 10 minutos. Claro está que cuánto más tiempo uno pasa, más uno recibe. Pero, como toda disciplina, cuánto más tiempo lo practicamos más fácil se hace y más placentero. Lo importante es empezar...y seguir. Es importante ser constante.

Cómo llevar a cabo un devocional

No hay una fórmula para hacer un devocional. Cada persona es diferente, vive una situación diferente y tiene diferentes necesidades por lo tanto cada uno hará su devocional de forma diferente. No hay patrones. Eres libre de presentarte delante del Señor y derramar tu corazón de la manera que sientas.

La importancia de la Biblia

"Toda la Escritura es inspirada por Dios (es el mensaje de Dios) y

- *es útil para enseñarnos lo que es verdad y*
- *para hacernos ver lo que está mal en nuestra vida.*
- *Nos corrige cuando estamos equivocados y*
- *nos enseña a hacer lo correcto.*
- *Dios la usa para preparar y capacitar a su pueblo para que haga toda buena obra."* 2 Timoteo 3:16-17 (TLA)

Es muy claro el versículo y no hay necesidad de explicarlo. Es importante leer la Biblia en el devocional porque nos enteramos del mensaje de Dios para nosotros para ese día particular. Se aprende lo que uno debe hacer y también señala lo que no se debe hacer.

La Biblia es la Palabra de Dios hablada - también hay mucha historia y narraciones pero el enfoque ahora es la parte espiritual. Cuando lees, es como Dios mismo hablándote. No es un libro cualquiera, es un libro divino y tiene el mensaje que necesitas cada día y para toda circunstancia. Es un libro sobrenatural. Debemos amar la Palabra y valorarla.

Leer la Palabra de Dios

"Estudia constantemente este libro de instrucción. Medita en él de día y de noche para asegurarte de obedecer todo lo que allí está escrito. Solamente entonces prosperarás y te irá bien en todo lo que hagas." Josué 1:8 (NTV)

Una parte importante de nuestro devocional es la lectura de la Biblia porque es la Palabra escrita de Dios, es Su mensaje para nosotros y cada día tiene un mensaje para animar y encaminar nuestras vidas. Debemos leer la Biblia esperando que Dios nos hable a través de ella. Si la lees como lees cualquier libro, simplemente para poder decir que leíste un capítulo, por ejemplo, pero no esperas recibir algo especial del Padre, no recibirás nada y habrá sido tiempo perdido.

Lo más aconsejable es leer un libro entero para luego pasar a otro. También se aconseja empezar con el Nuevo Testamento. A medida que tengas más tiempo puedes utilizar algunas herramientas como un diccionario bíblico, un comentario etc. para profundizar más en lo que lees y tener mejor comprensión del libro.

Muy importante es hacer el devocional con un cuaderno y lapicera para anotar lo que aprendes ese día y lo que Dios te hable al corazón. De esa manera manifiestas que estás esperando recibir algo especial de parte de Él.

Cómo empezar

Comienza tu tiempo a solas con Dios pidiéndole que te ayude a entender lo que lees. A Dios le place que tengamos la actitud de humildad y que necesitamos ayuda en lugar de tener la presunción que entenderemos todo sin ayuda. El Autor de la Palabra tiene secretos y revelaciones muy especiales, guardados para cada uno y le place enseñárnoslos si le pedimos.

Preséntate con humildad y agradecimiento, luego adórale.

Deja que Su Palabra te instruya y te inspire y te anime. Conversa con el Señor. Espera Su respuesta. Por último, presenta tus peticiones. Recuerda que el Señor ya conoce tus necesidades antes que los menciones. Él vela por ti siempre.

El Señor te ha hecho y te conoce mejor que nadie. Puedes ser tú mismo con Él. No le sorprenderán tus lágrimas, tus alegrías, tu dolor, tu corazón roto.

Qué hacer en el devocional

No hace falta que lleves el mismo orden todos los días y hagas lo mismo siempre ya que es posible que ese método te aburra más fácilmente. Puedes variar la forma de hacer tu devocional privado. A continuación se mencionan algunas cosas que puedes incluir en tu devocional.

- Ya hemos hablado de la importancia de leer la Biblia, que es fundamental. También hay libros (llamados devocionales) que dan una cita y luego un breve comentario con el propósito de que sea motivo de reflexión.

- Se puede meditar en Su Palabra, estar en silencio delante de Él esperando en Él.

- Esperar en Dios por Su respuesta.

- Confesar nuestras fallas

- Alabarle.

- Adorarle.

- Cantar.

- Agradecerle Sus infinitas bendiciones.

- Traer delante de Él nuestras peticiones.

Música

La música cristiana de adoración trae la presencia de Dios y emplear un CD de adoración durante el devocional puede ser muy efectivo. No solamente se siente que Dios está cerca sino que también nos puede hablar a través de la letra de la canción. Tal vez la canción nos ayude para cantarle o derramar el corazón delante de Él. O puede ser sólo instrumental. Hay música muy ungida que nos transporta al 'cielo'.

Conclusión

Cuando una actividad llega a ser un hábito, llega a ser más fácil realizarla. Nuestro objetivo es tener un tiempo a solas con el Señor todos los días. Al principio puede ser que no sea fácil encontrar el momento adecuado, o tener el lugar apropiado pero a medida que nos esforzamos en cumplir nuestro propósito, llegará al final a ser un hábito y así, algo que se hace con naturalidad y sin esforzarse.

Nuestro objetivo primordial es conocer a Dios más y más para llegar a tener una bella intimidad con nuestro Creador y Padre. El Rey del Universo llega a ser nuestro Papito, nuestro Amigo, nuestro Todo y no hay nada que nos satisfaga más en la vida.

Pasar tiempo a solas con Dios no es perder el tiempo, todo lo contrario, es encontrar un lugar en el corazón de Dios y tener la llave para conocer Sus secretos más íntimos.

Unos minutos, al comienzo del día para poner a Dios primero y entregarle todas tus actividades y tus preocupaciones redundarán mucho más provechoso que fatigarse todo el día intentando hacerlo solo.

Jesús mismo tenía la necesidad de hablar con Su Padre y pasaba horas en conversación con Él. Haremos bien imitando al Maestro y querer ese mismo tipo de relación con el Padre.

Si queremos encontrar la victoria en nuestra vida espiritual y terrenal debemos cultivar un tiempo a solas con nuestro Papito todos los días.

Es inexplicable como Dios, siendo tan inmensamente grande e infinito, se baje a nuestro diminuto nivel para tener una relación con nosotros. Y no una relación cualquiera, sino que desea la mejor y mayor relación posible. Él está dispuesto, somos nosotros mismos que elegimos qué clase de relación tendremos – una relación de conocidos o una relación de amistad o una relación de intimidad.

No dejes para mañana lo que puedes hacer hoy. ¡Empieza hoy mismo a disfrutar de un tiempo a solas con tu Padre Dios!

LA IMPORTANCIA DE LEER LA BIBLIA

"Abre mis ojos, para que vea las verdades maravillosas que hay en tus enseñanzas." Salmo 119:18 (NTV)

Ir a la iglesia es una parte importante de nuestra devoción cristiana pero no debemos ir simplemente para pasarlo bien y ser alentado. Vamos a la iglesia para acercarnos a Dios, para adorarle, para aprender de Él y tener comunión con nuestros hermanos.

Entonces si aprendes las cosas espirituales estás creciendo.

Es como en la escuela....no te quedas en 1º grado. Cuando aprendiste todo de 1º grado te pasan de grado y sigues avanzando y son muchos años de aprendizaje pero hacen falta todos esos años dedicados a aprender.

Así es con las cosas espirituales también. Hay tanto que aprender que nunca terminaríamos aquí. Pero cuanto más aprendes en la tierra es mejor. (Porque en el cielo seguiremos aprendiendo).

¿Quieres avanzar y aprender más de Dios? Es parecido a la escuela...escuchas al maestro....haces ejercicios, lees, haces los deberes.

Una diferencia es que a la escuela vas todos los días y es obligatorio: escuchar, leer, hacer los ejercicios y deberes.

Aprender las cosas espirituales no es obligatorio pero debemos obligarnos a nosotros mismos. Tenemos que disciplinarnos a nosotros mismos para aprender: escuchando, leyendo y estudiando la Palabra de Dios.

Para aprender de Dios y todo lo espiritual, leer la Palabra es vital. No se puede lograr nada sin el conocimiento que nos da la Palabra.

Hoy en día queremos buscar el atajo en todas las cosas - la manera fácil, la manera sin sacrificio - pero así, en el Reino de Dios, no logramos nada, nada que sea de valor. Jesús afirmó: "Sin mí nada podéis hacer."

Dios demanda un sacrificio, algo que nos cueste. Dios espera de nosotros que lo amemos tanto que deseemos, con todo nuestro ser, acercarnos a Él para aprender las verdades espirituales.

1 Pedro 2:2

"Sean como bebés recién nacidos y busquen con ansias la leche espiritual pura. Así podrán crecer y ser salvos." (PDT)

El bebé sólo puede tomar leche. Cuando tiene hambre, llora y se desespera si no le dan su leche. Nosotros, de la misma manera, debemos estar desesperados por crecer.

Los niños crecen – es lo que pasa normalmente. Así con los cristianos. Dios desea que crezcamos y que no nos quedemos como bebés espirituales.

Cómo crecer en la fe

Se crece por medio del conocimiento de la Biblia. Conocer la Palabra es conocer más de Dios el Padre, más de Jesús y más del Espíritu Santo.

Hoy en día leer es lo que menos hace la gente. Leer es demasiado 'difícil'. Hay tiempo para jueguitos, la televisión, películas, el chat, el Facebook y diversión pero no hay tiempo para Dios.

"Oh, yo estoy bien porque voy a la iglesia 3 o 4 veces por semana".

Pero en tu casa, ¿te acercas a Dios, lo buscas? Para buscar a Dios es necesario conocer lo que Él dice, conocer lo que Él espera de nosotros, conocer lo que debemos hacer y lo que no debemos hacer. Eso lo sabremos si leemos Su Palabra.

"Oh, no me gusta leer."

Pues si quieres vida verdadera, te pondrás a leer aunque no te guste. Porque si no lees la Biblia, ¡te mueres!

Si quieres vida, te esforzarás a leer, aunque sea un poco, cada día. Es una disciplina que uno mismo se impone porque deseas los resultados que vienen por la lectura de ese libro tan especial. No querrás vivir a tu propia manera porque eso es despreciar al Señor.

Si realmente amas a tu Señor, harás lo que te pide...harás cualquier cosa para agradarle. Y Él te pide que te llenes de la Palabra para tener una relación íntima contigo. Él no quiere ser solamente un conocido. Él quiere ser un amigo y más todavía, quiere ser el novio.

Nuestro amor por Dios debe impulsarnos a querer leer siempre la Palabra....todos los días y que no pase ni un solo día sin mostrarle a Dios de que Él es el número Uno en nuestra vida.

Una de las lecciones más importante que podemos aprender es amar la Palabra de Dios. Sin este paso no se puede adelantar en la vida cristiana, no crecemos y seguimos como bebés espirituales.

Si quieres servir a Dios no podrás hacerlo sin conocerle. ¿Cómo se conoce a Dios? A través de Su Palabra - es Su Palabra.

¿Quieres que Dios te hable? ¿Quieres buscar de Dios? ¿Quieres conocer más a Dios? ¿Quieres una relación verdadera con Dios? Ama Su Palabra. Su Palabra es Él mismo. Amar la Biblia es amar a Dios.

Leer la Biblia

¿Por qué se repite tanto sobre la importancia de leer la Biblia? Porque es la llave que abre muchas puertas en la vida cristiana y sin ella uno se estanca, no crece y el final puede ser triste.

Cuando los pastores ven a personas que van por años a la iglesia sin señal de madurez, sin cambios ni crecimiento, ya es obvio que no han entendido la importancia de tomar un tiempo para leer la Palabra y conocer a Dios más de cerca. Quedan como bebés espirituales siempre. No llegan a tener un compromiso real con el Señor y no llegan a ser aptos para el servicio.

Es muy cómodo ir a la iglesia...estar allí un par de horas, pasarlo bien para luego salir, sin que haya sido tocado por el Espíritu Santo. Ha pasado un buen rato pero es igual que ir a un club. La iglesia no es un club.

"Por tanto, tengan siempre presentes mis mandamientos y átenlos en sus manos como recordatorio y llévenlos en sus frentes como una marca." Deuteronomio 11:18

¿Puedes vivir sin aire? ¿Puedes vivir sin comida? Pues la Palabra de Dios es tu aire y es tu comida; ¡no puedes vivir sin ella!

Tal vez esto ya lo sabes en tu mente porque esto lo has escuchado antes. Pero ¿cuándo vas a hacer caso? Cuándo vas a tomar esta verdad y decir: sí es verdad, voy a cambiar mis hábitos; voy a apartar un tiempo para acercarme a Dios y leer Su Palabra todos los días.

"Repite siempre las palabras del libro de la ley de Moisés. Estúdialo día y noche, de manera que puedas actuar de acuerdo a lo escrito en él, para que te vaya bien y tengas éxito." Josué 1:8

Si piensas que puedes vivir la vida cristiana sin la Biblia estás equivocado y en problemas. No leer la Palabra es no acercarse a Dios...más bien es darle la espalda a Dios y rechazarle porque es la actitud de que no lo necesitas y que tú lo puedes hacer todo solo y sin ninguna ayuda de lo Alto. Eso es soberbia y quedarás muy pequeño espiritualmente.

"Tu palabra es lámpara que guía mis pasos; luz que alumbra mi camino." Salmos 119:105

En un lugar oscuro necesitamos una luz que nos alumbre para no tropezar. La Biblia es esa luz que nos guiará siempre, en toda circunstancia para no equivocarnos.

Cuando vienen los problemas lo que te ayudará a mantenerte fuerte es el conocer de lo que Dios promete y encontrarás en Su Palabra la respuesta a tus problemas.

"¿Cómo puede un joven mantenerse puro? Obedeciendo tu palabra. Me esforcé tanto por encontrarte; no permitas que me aleje de tus mandatos. He guardado tu palabra en mi corazón, para no pecar contra ti." Salmo 119:9-11 (NTV)

¿Quieres cambiar tu manera de ser; quieres ser limpio delante del Señor? Este versículo te dice cómo lograrlo. Si conocemos los preceptos del Señor y los ponemos por obra con el deseo de agradar a Dios, será menos probable que caigas en pecado. El pecado arruina nuestra vida pero nuestra arma es la Palabra de Dios.

"Siempre tienen presentes las enseñanzas de su Dios; por eso jamás tienen tropiezos." Salmos 37:31 (TLA)

Aquí el autor nos afirma que si seguimos las enseñanzas de Dios, nunca tropezaremos, nunca caeremos o fallaremos. La guía de Dios nos lleva por un camino perfecto.

La gente que vive sin Cristo vive atribulada porque no sabe cómo resolver sus problemas y no saben qué decisiones tomar. ¡Qué privilegio que tenemos! Dios siempre nos guiará en la verdad y lo que es mejor.

¿Quieres sabiduría? ¿Quieres saber cómo dirigirte en la vida sin tener que lamentarte? Mira lo que dicen los siguientes versículos. ¡Y toma nota!

"¡Cuánto amo tu enseñanza! La estudio todo el tiempo. Tu mandamiento siempre está conmigo; me hace ser más sabio que mis enemigos. Tú me has hecho aún más sabio que todos mis maestros porque siempre medito en tus requisitos." Salmo 119:97-99 (TLA)

"Todo lo que se escribió en el pasado fue para dejarnos una enseñanza y para que tengamos esperanza. La esperanza viene por la paciencia y el ánimo que nos dan las Escrituras." Romanos 15:4

¡Sin esperanzas nos desanimamos! Y nos hundimos. La esperanza viene por leer las Escrituras y conocer las promesas que encontramos allí. Cada día podemos recibir el aliento para seguir en la lucha que nos toca.

Cada palabra ha sido escrita para ti, para darte la salida a cualquier contratiempo. Dios te toma de la mano y te guía en tu necesidad.

La Palabra es como una brújula que te dice qué rumbo tomar y para dónde ir.

"No vivan según el modelo de este mundo. Mejor dejen que Dios transforme su vida con una nueva manera de pensar. Así podrán entender y aceptar lo que Dios quiere para ustedes y también lo que es bueno, perfecto y agradable a él" Romanos 12:2. (TLA)

Cambiar nuestra manera de pensar

La manera en que Dios cambia nuestra manera de pensar es conociendo los preceptos del Señor que encontramos en Su Palabra. El mundo nos quiere atraer con su forma de vivir y nos quiere hacer creer que es la mejor manera de vivir. Sólo cuando te enteras que hay una mejor manera, puedes cambiar y transformar tu manera de pensar y de actuar y de vivir.

¿Quieres el éxito para tu vida? El Salmo 1 te dice cómo hacer para que todo te salga bien.

"Dios bendice a quienes no siguen malos consejos ni andan en malas compañías ni se juntan con los que se burlan de Dios.

<u>Dios bendice a quienes aman su palabra y alegres la estudian día y noche.</u>

Son como árboles sembrados junto a los arroyos: llegado el momento, dan mucho fruto y no se marchitan sus hojas.

¡Todo lo que hacen les sale bien!" Salmo 1:1-3 (TLA)

CON SU SANGRE

Hay una canción de Marcos Witt, muy preciosa y profunda para mi corazón, que solemos cantar en la adoración. Se titula: "Con Tu Sangre" y nos lleva a la presencia de Dios de una manera muy especial y conmovedora.

> Con tu Sangre
> Nos has redimido para nuestro Dios;
> De todo linaje pueblo lengua y nación.
> Nos has hecho reyes y sacerdotes para nuestro Dios
> Y reinaremos sobre la tierra
> Gloria al Cordero de Dios
>
> Exaltad al Cordero de gloria
> Adorad al que vive y reina
> Adorad al Dios Altísimo
> Padre Eterno, Cordero de Dios.

Cuando cantamos esta canción estamos cantando unos versículos de la misma Palabra de Dios que encontramos en Apocalipsis 1:4-6:

"Gracia y paz...de Jesucristo el testigo fiel, el primogénito de los muertos, y el soberano de los reyes de la tierra. Al que nos amó, y nos lavó de nuestros pecados con su sangre, y nos hizo reyes y sacerdotes para Dios, su Padre; a él sea gloria e imperio por los siglos de los siglos. Amén."

Esta es la salutación de Juan, el autor, a las iglesias. Encontramos esas mismas palabras otra vez en el capítulo 5 de ese libro. Ahora no es un saludo sino una canción en el Cielo exaltando la obra de Jesús, el Cordero de Dios, cantada por los cuatro seres vivientes y los veinticuatro ancianos. Es una magnifica escena en el Cielo de adoración sublime a Aquel que ha logrado redimir al hombre.

Veamos esa escena y lo que sucede.

"El Cordero (Jesús) fue y tomó el libro enrollado que tenía en la mano derecha el que estaba sentado en el trono. Y cuando hubo tomado el libro, los cuatro seres vivientes y los veinticuatro ancianos se postraron delante del Cordero; todos tenían arpas, y copas de oro llenas de incienso, que son las oraciones de los santos; (nuestras oraciones no son solo palabras...son sustancia...son inciensos, perfumes) y cantaban un nuevo cántico, diciendo:

Digno eres de tomar el libro y de abrir sus sellos; porque tú fuiste inmolado, y con tu sangre nos has redimido para Dios, de todo linaje y lengua y pueblo y nación; y nos has hecho para nuestro Dios reyes y sacerdotes, y reinaremos sobre la tierra."
Apocalipsis 5:7-10

Jesús no solamente ha logrado redimir al hombre sino que lo ha elevado para ponerlo sobre naciones dándole el cargo de ¡rey y sacerdote! Esto va más allá de lo que podemos entender...tan grande es el amor y bondad de Dios para con Su mayor creación. ¡Jesús comparte Su gloria con sus hermanos! Nos da lo que merecemos y esto es posible por Su sangre.

Veamos el pasaje de Apocalipsis 5:8-14 en la versión Traducción en Lenguaje Actual.

"Apenas hizo esto, los cuatro seres vivientes y los veinticuatro ancianos se arrodillaron delante del Cordero.

Cada uno tenía un arpa, y llevaba una copa llena de incienso que representaba las oraciones del pueblo de Dios. Y todos ellos cantaban esta nueva canción:

> *«Sólo tú mereces tomar el libro y romper sus sellos.*
> *Porque fuiste sacrificado, y con tu sangre rescataste para Dios, a gente de toda raza, idioma, pueblo y nación. Los hiciste reyes y sacerdotes para nuestro Dios; ellos gobernarán la tierra.»*

Luego oí el murmullo de muchos ángeles. Eran millones y millones de ángeles que rodeaban el trono, a los cuatro seres vivientes y a los veinticuatro ancianos. Y decían con fuerte voz:

> *«El Cordero que fue sacrificado, merece recibir el poder y la riqueza, la sabiduría y la fuerza, el honor y la alabanza.»*

Y también oí decir a todos los seres del universo:

> *«¡Que todos alaben al que está sentado en el trono, y también al Cordero! Que lo llamen maravilloso, y por siempre admiren su poder.»*

Los cuatro seres vivientes decían: «¡Así sea!», y los veinticuatro ancianos se arrodillaron y adoraron al que está sentado en el trono, y al Cordero."

Qué escena más gloriosa. Trata de imaginar la escena...trata de ver a los seres vivientes adorando y cantando... los millones de ángeles que aclaman que sólo Jesús es digno.

Deja que esa escena penetre en tu espíritu e imagínate que estás allí. Cierra tus ojos unos instantes. Alaba a tu Señor. Adora a tu Señor. Es posible a causa de Su Sangre. Estuvo dispuesto a dar Su vida por ti, por mí y por toda la humanidad aunque era Dios grande y Rey del universo. Su obra va mucho más allá de lo que nuestras mentes finitas pueden comprender. Pero Su sangre lo ha logrado y alabamos la Sangre de Jesús.

Somos hijos

Dios no nos ha creado para servirle - somos hijos no siervos.

Servimos a Dios porque le amamos y en gratitud por lo que Él ha hecho por nosotros. El servicio a Dios es algo que nos beneficia a nosotros porque es una preparación para el Cielo.

Apocalipsis 5:10 dice que *"...nos ha hecho reyes y sacerdotes..."*

Los reyes tiene autoridad....ejercen autoridad sobre una expansión de tierra y sobre personas en un sentido físico.

Los sacerdotes son personas que velan por nosotros en lo espiritual y nos dirigen hacia Dios.

Todos somos reyes y sacerdotes...v.10 dice que reinaremos sobre la tierra – (puede ser en el milenio).

Pero sé que lo que aprendemos aquí en la tierra y lo que aprendemos sirviendo es una preparación para nuestra tarea en el Cielo.

Dios tiene planes que ni nosotros podemos empezar a imaginar....el Cielo no es el fin sino el comienzo, el comienzo de una larga eternidad de algo muy bueno y maravilloso.

Si vemos la creación que es tan vasta y que nuevas galaxias siguen emergiendo...no creo que Dios haya terminado aquí Su plan y Su creación.

Nuestro servicio nos prepara para el futuro cuando en el Cielo nos dará cargos y tendremos que ejecutar Sus planes grandes para grandes proyectos.

¿Cuál es la importancia de la Sangre de Jesús?

En lo natural la sangre no es algo agradable, mas bien es algo desagradable y es signo de herida o de muerte. Pero Dios dice que la vida está en la sangre.

La sangre es vida no muerte (Levítico 17:11,14)

El diablo odia la sangre de Jesús porque le recuerda que nosotros tenemos vida porque Jesús dio Su sangre, y le recuerda que está vencido ya.

Kenneth Hagin dice:

> "Todo beneficio y bendición que poseemos en nuestra redención, incluso la victoria completa y total sobre Satanás está basada en el triunfo de Jesús sobre Satanás en la Cruz. Tenemos victoria sobre Satanás por la sangre derramada de Jesús."

Dios no desea que seamos vencidos por el mal sino que tengamos siempre, siempre el triunfo en Jesús - si confiamos en Él y le obedecemos.

Dios nos ha dado un arma poderosa para usar y es la Sangre de Jesús. La Sangre es nuestra arma, es nuestro escudo y es nuestro escondite.

¿Cómo puede ser esto?

Es un misterio – no podemos explicarlo bien: el Hijo de Dios llegó a ser *"...el Cordero inmolado desde el principio del mundo"*. Apocalipsis 13:8

Jesús accedió a morir antes de la Creación porque ya sabía lo que Satanás iba a hacer. Morir en la cruz no fue una decisión tomada porque Satanás lo había acorralado a Dios y no hubo otra salida. Dios deseaba redimir al hombre y la redención vendría por medio de la sangre y por eso Dios lo creó un ser de sangre.

¿Por qué es necesario derramar sangre?

La Santidad de Dios no permite que el pecado entre en Su presencia. La santidad fulmina todo pecado. La Biblia dice: *"El alma que pecare, ese morirá."* Ezequiel 18:20

Pero, también que *"¡todos hemos pecado!"* Romanos 3:23

Entonces, todos tendríamos que estar muertos porque no hay ni uno sin pecado.

¿Qué es lo que impide que seamos fulminados? La Sangre que paga el precio y reemplaza el pecado y limpia toda maldad.

En el tiempo de Moisés el pueblo judío se encontraba esclavizado en Egipto. Dios quería llevarles a su tierra nuevamente y levantó a Moisés para hacerlo. Pero Egipto no quiso dejar en libertad a tanta gente que les beneficiaba y el Faraón se negó. Dios mandó 9 plagas pero Faraón no cambió de parecer. La plaga habla de juicio. En la décima plaga Moisés le advirtió que moriría todo primogénito, aún de los animales.

¿Cómo podrían los judíos escaparse de esa muerte segura de todos los primogénitos?

Dios tenía un plan. Y les explicó cómo podían salvarse.

Cada familia debía escoger un cordero, macho y sin manchas ni desperfectos, y en el día asignado, lo debían matar.

"Tomarán un poco de sangre del animal y la untarán en el marco de la puerta de la casa porque es la fiesta de la Pascua en mi honor; lo que les sobre, deberán quemarlo.»Esa noche recorreré todo Egipto y mataré a todos los hijos mayores de cada familia egipcia, sea hombre o animal. Yo soy el Dios de Israel, y ejecutaré juicios contra todos los dioses de Egipto. Pero ustedes los israelitas no deben tener miedo; la sangre que van a untar en los marcos de las puertas me servirá de señal. Cuando yo la vea, no les haré ningún daño a sus hijos mayores, sino que pasaré de largo." Éxodo 12:7,12, 13.

El día que Adán y Eva pecaron merecían la muerte pero Dios detuvo su juicio...ahora, por un momento iba a ejecutar juicio...pero la salvación vendría por la sangre de un cordero muerto.

Puede que haya habido algunos que les pareciera una tontería hacer y no la hicieron. Por lo general Dios pide tener fe en cosas simples y no nos pide algo imposible de llevar a cabo.

¿Puedes matar un cordero y puedes creer que no vas a morir porque untas tu puerta con su sangre? Eso es fe.

La sangre de ese corderito representaba la Sangre de Jesús. Por eso se lo llama a Jesús, el Cordero de Dios.

Luego debían comer el cordero asado y también unas hierbas amargas y pan sin levadura. La levadura es símbolo aquí de pecado así que tenemos dos símbolos – la sangre que quita el pecado y el pan sin levadura que simboliza sin pecado.

El pan y el vino

Esto lo vemos reflejado en la última cena del Señor cuando vemos la simbología del vino y del pan.

"Jesús les dijo: !Cuánto he deseado comer con vosotros esta pascua antes que padezca!" Lucas 22:15-20

Otra versión lo rinde: *"Intensamente he deseado comer esta Pascua con vosotros antes de sufrir."*

Anhelaba revelarles a sus discípulos que Él era el pan sin levadura. Él mismo era el pan sin pecado que daba Su vida por ellos.

"Y tomó el pan y dio gracias, y lo partió y les dio, diciendo: Esto es mi cuerpo, que por vosotros es dado; haced esto en memoria de mí.

De igual manera, después que hubo cenado, tomó la copa, diciendo: Esta copa es el nuevo pacto en mi sangre, que por vosotros se derrama."

Ya no tendría validez el antiguo pacto dado a Moisés porque ya había un mejor pacto - la vida de Jesús. Él nos dice: "Es Mi sangre, no la de un cordero. ¡Mi sangre es mejor! ¡No sólo te va a cubrir tus pecados sino que los quita! Si crees en Mí, Mi sangre te absuelve de toda maldad ¡como si nunca hubieras pecado!"

¡Oh! ¡Qué plan que ha tenido Dios! Oh qué plan tan perfecto...pero a qué precio. ¿Ofrecerías la vida de tu hijo para salvar a otro? ¡Sin duda que no!

Pero Dios nos dice: "Te amo tanto, tanto, tanto, que estoy dispuesto a ver sufrir horrendamente a Mi Hijo."

Jesús te dice: "Te amo tanto, tanto, tanto, que si es la única manera que estés aquí conmigo, lo haré....iré a esa muerte tan atroz que es la cruz...sólo porque puedo vislumbrar que estemos juntos una eternidad, y eso vale la pena. Tú vales la pena, tú vales la pena que muera."

Jesús nos dice: Si doy Mi vida, todos pueden estar conmigo en el Cielo, si creen. Mi sangre derramada vence el pecado y vence a Satanás para siempre.

Inmolado

En Apocalipsis 13:8 encontramos la frase: *"...el Cordero que fue inmolado desde el principio del mundo."*

Inmolado significa sacrificado, como lo rinde otra versión: *"...al Cordero que fue sacrificado antes de la creación del mundo"* (NTV).

¿Cómo se explica que Jesús se sacrificara aún antes que existiera el mundo? Es que Dios está fuera de nuestro tiempo. Él es tan grande que puede ver, a la vez, el principio del mundo como su fin. Puede ver absolutamente todo a la vez. Él puede ver toda la historia de la humanidad en sólo un vistazo. Puede ver no sólo nuestro pasado sino que puede ver nuestro futuro. Por eso Él pudo ver el sacrificio de Jesús antes que suceda. De hecho Su sacrificio no fue una decisión a la ligera. El sacrificio de Jesús fue planificado desde antes de la creación del mundo porque la Trinidad pudo ver todo lo que iba a pasar. Jesús estuvo dispuesto a dar Su vida desde antes que el hombre existiera. El plan ya estaba establecido.

La ley no puede quitar el pecado

"Por eso te dije: "Aquí me tienes, para cumplir tu voluntad. Así me lo enseña la Ley de Moisés." Salmo 40:7,8. (TLA)

Hebreos 10:1-10 dice así:

"La ley de Moisés era sólo una muestra de lo bueno que Dios nos iba a dar, y no lo que en verdad nos daría. Por eso, la ley nunca puede hacer perfectos a los que, cada año, van al santuario a ofrecer a Dios los mismos sacrificios de siempre. Si en verdad la ley pudiera quitarles el pecado, no se sentirían culpables y dejarían de ofrecer sacrificios a Dios.

Pero sucede lo contrario. Cada año, cuando ofrecen esos sacrificios, lo único que logran es recordar sus pecados. Porque la sangre de los toros y de los chivos que se sacrifican no puede quitar los pecados.

Por eso, cuando Cristo vino a este mundo, le dijo a Dios:

«Tú no pides sacrificios
a cambio de tu perdón;
por eso me has dado un cuerpo.

Por eso te dije:
"Aquí me tienes,
para cumplir tu voluntad.
Así me lo enseña
la Ley de Moisés."»

En primer lugar, este salmo dice que Dios no quiere, ni le gustan, los sacrificios y las ofrendas, ni los animales quemados sobre el altar, aunque la ley manda que sean presentados.

Después de eso, el salmo dice que Cristo vino a cumplir la voluntad de Dios. Es decir, Cristo quitó aquellos sacrificios antiguos, y estableció uno nuevo. Dios nos eligió porque Jesucristo obedeció sus órdenes al morir en la cruz, y ofreció su cuerpo como sacrificio una sola vez y para siempre."

Este pasaje es muy clara en enseñarnos que la ley de Moisés era un símbolo de algo mejor por venir. Todos los años matarían a un corderito y harían lo mismo que en esa primera pascua en Egipto para recordar cómo Dios los libró de la muerte por medio de la sangre del cordero.

Pero la sangre del cordero, aunque era un recordatorio de lo que ya había ocurrido, era también una señal de una promesa por venir que era necesaria porque esa sangre del cordero no podía limpiar a nadie efectivamente de su pecado. La ley no tiene poder de librarnos de nuestros pecados. La ley era necesaria hasta que viniera Jesús. Jesús es el sacrificio perfecto porque Su Sangre logra lo que la ley no puede hacer.

Jesús es nuestro Cordero y Su Sangre nos limpia, nos cubre y nos permite estar delante de Él en gloria.

La Sangre es nuestra protección

La Sangre de Jesús no solamente nos ha conseguido nuestra salvación sino que también nos defiende contra los ataques del diablo. La Sangre es una protección continua porque cuando nos cubrimos con la Sangre de Jesús, Satanás no nos puede tocar, no nos puede dañar.

Como padres queremos proteger a nuestros hijos del mal y vemos que este mundo se pone cada vez más violento y la seguridad se pierde. La Sangre de Jesús nos protege.

Es como poner un cerco y el enemigo no puede cruzar. Satanás no tiene ninguna arma para contraatacar la Sangre de Jesús, está indefenso, sólo puede intentar engañarnos y que pensemos que estamos vencidos cuando en realidad es a la inversa.

Satanás intenta hacernos dudar, que tengamos miedo,

- que estemos atemorizados,
- que nos sintamos pecadores y avergonzados,
- que nos sintamos pequeños e inútiles,
- que nos sintamos vencidos y frustrados,
- que no vale la pena seguir,
- que somos un caso perdido y nada se puede hacer o mejorar.

Pero, nos engaña, nos engaña. ¡NOS ENGAÑA!

La verdad es que él ya está vencido y aplastado debajo de nuestros pies. No le escuches....cierra tu mente a sus mentiras.

Decídete tener fe. Decídete a no tener miedo - a tener valor y estar firme por tus derechos.

Si te sientes pecador y avergonzado...confiesa tus pecados al Señor y son perdonados...¡ya! No te quedes en el pasado, ¡ya son perdonados!

No dejes que el diablo te mienta que aún eres pecador. Levántate y sacúdete de las garras de Satanás. Él no tiene nada contigo si estás cubierto por la Sangre de Jesús.

Otra mentira es que eres pequeño e inútil. Cada uno es especial y de un valor incalculable para Dios. Eres único. Cada uno tiene su lugar y su ministerio dentro de la iglesia - sólo hace falta que lo creas, lo tomes y seas responsable.

No estás vencido – ¡tienes toda la fuerza de Dios mismo contigo!

Vencedores

Mira cómo vencieron al enemigo según Apocalipsis 12:11

"Ellos lo vencieron por medio de la sangre del Cordero y por la palabra del testimonio de ellos, y no amaron sus vidas, llegando hasta sufrir la muerte."

Todo lo que viene del diablo – el pecado, la tentación, la enfermedad, el desánimo, etc. – es vencido por la Sangre. La Sangre del Cordero le vence.

Y también es vencido por la palabra del testimonio – cuando uno dice lo que Dios ha hecho - porque al hablar estás ejercitando tu fe.

Cuando algo es vencido ya no tiene poder. El diablo es vencido pero tú demuestras que crees esto cuando lo dices, cuando lo hablas. El diablo te mantiene en dudas y en temor hasta que lo dices con tu boca y das testimonio de lo que Él ha hecho o lo que hará.

Vivimos en el territorio del enemigo y estamos sujetos a sus ataques en espíritu, alma y cuerpo pero el Señor dice: *"No deis lugar al diablo"* Efesios 4:27

Quiere decir que si no le damos lugar él no podrá tomar lugar en nosotros. Nosotros le damos lugar y le abrimos el camino cuando pecamos – por más pequeño que sea el pecado en palabra, hecho, o pensamiento. Al hacer esto le damos lugar al diablo a que nos dañe.

Pero, ¡la Sangre de Jesús nos limpia!

"Si reconocemos ante Dios que hemos pecado, podemos estar seguros de que él, que es justo, nos perdonará y nos limpiará de toda maldad." I Juan 1:9

Y nos perdona ¡inmediatamente! La Sangre nos limpia y cierra la puerta al diablo.

Joel Osteen dice en referencia a Apocalipsis 12:11

"Ellos lo vencieron por medio de la Sangre del Cordero y por la palabra del testimonio de ellos, y no amaron sus vidas, llegando hasta sufrir la muerte."

"La Sangre de Jesús dice: "Tú tienes la victoria."

Cuando estás bajo el pacto nuevo, este versículo Apocalipsis 12:11 te dice cómo puedes vencer al diablo. Lo vences de tres maneras.

1. Por la Sangre del Cordero

Cuando el diablo viene por ti, levanta tu Biblia y dile: "Diablo, quiero que veas esto. Este es el Pacto de Sangre eterno de Dios que Jesús hizo por mí. La justicia de Cristo me ha sido dada. Todo el poder de Dios y

Sus bendiciones son míos. Yo te ordeno y te mando, Satanás que mires esa Sangre. Ya estás vencido."

2. Vences a Satanás por medio de la palabra de tu testimonio. Con confianza puedes decir: "Satanás, yo me atrevo a creer las promesas de Dios. Están escritos y son verdaderas. Creo en las promesas de Dios y soy obediente a Su Palabra.

3. Este versículo dice que estos creyentes no tenían miedo de morir si fuese necesario porque habían creído en Jesús y tomado el compromiso de vivir para Él y hablar a otros.

No vences a Satanás por tu tenacidad o tus buenas obras. No lo vences por tu bondad, porque eres bueno. No lo vences por tu propia santidad o justicia. No lo vences por tu agilidad mental.

Lo vences por la Sangre de Jesús.

Muéstrale a Satanás la Sangre, dile: "Mira la Sangre, diablo. El que derramó esta Sangre ha aplastado tu cabeza y te ha quitado tu poder. Él es mi Señor."

La Sangre de Jesucristo habla hoy día y te dice que:

- Eres justificado – sin pecado.
- Eres redimido – comprado por la Sangre de Jesús.
- Eres propiedad de Dios – entonces no puedes pertenecer al enemigo.
- Eres lavado, eres limpiado de toda maldad.

- Tienes la salvación por la eternidad.
- Tienes paz.
- Tienes esperanza.
- Y tienes la victoria."

Nuestras armas

Si quieres usar la Sangre de Jesús como arma necesitas:

1. Tener una fe firme en la Sangre de Jesús.

2. Creer que tienes el derecho de usar la Sangre por fe.

3. Saber que sólo puedes usar la Sangre como arma si vives rectamente, o sea que no estás en pecado deliberadamente.

W.B. Young dice:

> "Las cosas espirituales no siempre se entienden con nuestra mente - son demasiado grandes.
>
> No limites el poder de la Sangre de Jesucristo a lo que sí entiendes.
>
> Debemos aceptarlos por fe como niños pequeños que creen todo.
>
> Sé un niño de Dios que usa la Sangre para frustrar los ataques del enemigo contra tu vida. El diablo quiere impedir que hagas la voluntad de Dios. Recuérdale que nos ha sido dado el poder de atar aquí en la tierra y Jesús lo ataría en el cielo."

"Porque de cierto os digo que cualquiera que dijere a este monte: Quítate y échate en el mar, y no dudare en su corazón,

sino creyere que será hecho lo que dice, lo que diga le será hecho." Marcos 11:23

La fe está en dos lugares - en tu corazón para creer y en tu boca para decir lo que crees. Esto es tomar la autoridad dado por Dios sobre Satanás y sus huestes. Esto es vencer el diablo.

Y cuando el enemigo ponga resistencia debemos ser más persistentes que él y no abandonar hasta que tengamos la victoria completa porque se nos promete tener lo que pedimos si persistimos.

Dios nos ha dado varias armas - no hay conflicto o competencia entre estas armas:

- La alabanza
- El Nombre de Jesús
- La Palabra de Dios
- La Sangre de Jesús

¡Usa todas las armas!

Efesios 6:10-14

"Finalmente, dejen que el gran poder de Cristo les dé las fuerzas necesarias.

Protéjanse con la armadura que Dios les ha dado, y así podrán resistir los ataques del diablo. Por lo tanto, ¡protéjanse con la armadura completa! Así, cuando llegue el día malo, podrán resistir los ataques del enemigo y se mantendrán firmes hasta el fin. ¡Manténganse alerta! Que la verdad y la justicia de Dios los vistan y protejan como una armadura."(TLA)

Es nuestro deber honrar la Sangre de Jesús. Somos comprados y hubo un gran precio a pagar para conseguirlo, por lo tanto no lo podemos tomar livianamente y en nuestro corazón siempre debe estar la actitud de agradecimiento. Honramos la sangre de Jesús cuando cantamos y expresamos la importancia que tiene para nosotros. Sin la Sangre no tenemos nada.

"En ningún otro hay salvación." Hechos 4:12. No hay otra manera en que podamos llegar al Cielo.

Hoy es un buen día para agradecer a Jesús por lo que ha hecho.

LA OBEDIENCIA

Dios nos ha dado leyes en la Biblia para que los cumplamos. Algunas de esas leyes son sólo para el pueblo judío. Algunas leyes son para una cierta época. Y hay otras leyes que sabemos que son para todos.

Vayamos al comienzo de la historia de la humanidad – al Jardín de Edén. Dios le prepara una hermosa morada para el hombre. Pero también le da unas indicaciones. Debía labrar la tierra y tenía dominio sobre todo. Pero también le dio un mandato.

Génesis 2:15-17

"Tomó, pues, Jehová Dios al hombre, y lo puso en el huerto de Edén, para que lo labrara y lo guardase. Y mandó Jehová Dios al hombre, diciendo: De todo árbol del huerto podrás comer; mas del árbol de la ciencia del bien y del mal no comerás; porque el día que de él comieres, ciertamente morirás."

La consecuencia de la desobediencia sería la muerte.

Sabemos que Adán y Eva no aprobaron esa primera prueba.

Dios está diciendo: debes obedecer porque si no, habrá consecuencias y esas consecuencias no son agradables.

Hoy en día todos morimos por consecuencia de la desobediencia de Adán y Eva. Somos igual que Adán y Eva. Está en nuestra naturaleza ser rebeldes. No nos gusta tener que obedecer a otros. Algunos aún buscan ser autónomos porque no quieren tener un jefe. De todas maneras siempre debemos obediencia a alguien.

Efesios 2:1-3

"Antes ustedes estaban muertos a causa de su desobediencia y sus muchos pecados.

Vivían en pecado, igual que el resto de la gente, obedeciendo al diablo

Todos vivíamos así en el pasado, siguiendo los deseos de nuestras pasiones y la inclinación de nuestra naturaleza pecaminosa. Por nuestra propia naturaleza, éramos objeto del enojo de Dios igual que todos los demás."

No agradamos a Dios cuando no le obedecemos. Lo primero que Dios espera de nosotros como hijos es la obediencia. Debemos tener en mente siempre la consecuencia de la desobediencia (la muerte) para ayudarnos a vivir siguiendo los preceptos establecidos por Dios.

Hijos

Colosenses 3:20

"Hijos, obedezcan siempre a sus padres, porque eso agrada al Señor."

Efesios 6:1-3 aclara aún más:

"Hijos, obedezcan a sus padres como agrada al Señor, porque esto es justo. El primer mandamiento que contiene una promesa es éste: «Honra a tu padre y a tu madre, para que seas feliz y vivas una larga vida en la tierra.»"

Le place al Señor ver hijos obedientes, hijos que obedecen a sus padres y los honran.

Jesús mismo, como Hijo, tuvo que dejar a un lado Su propia voluntad y ser obediente al Padre.

Leemos en Hebreos 5:8 *"Y aunque era Hijo, por lo que padeció aprendió la obediencia."*

La obediencia es una lección importante en nuestro caminar con el Señor. Si Jesús mismo tuvo que aprender a ser obediente, ¡cuanto más nosotros!

Padres

Es importante criar hijos obedientes. Los padres necesitan esmerarse en este aspecto y exigir obediencia de sus hijos. Es más, es fundamental que los hijos sean obedientes a sus padres. Esta lección es la base de todos.

Si un hijo no puede obedecer a sus padres que ve ¿cómo va a obedecer a Dios a quien no ve?

"Corrige a tu hijo y vivirás en paz; te sentirás orgulloso de él." Proverbios 29:17 (PDT)

El libro de Proverbios está lleno de consejos para padres e hijos. Como padre, toma tiempo para corregir a tu hijo.

Cuando sea mayor no te avergonzará sino que te sentirás orgulloso de él y vivirás tranquilo porque sabes que tu hijo está en un buen camino.

Servidores

Efesios 6:5,6

"Esclavos, obedezcan a sus amos terrenales con profundo respeto y temor. Sírvanlos con sinceridad, tal como servirían a Cristo.

Traten de agradarlos todo el tiempo, no sólo cuando ellos los observan. Como esclavos de Cristo, hagan la voluntad de Dios con todo el corazón." (NTV)

Qué ejemplo de humildad y servicio. Dios no dice que te rebeles contra tus amos o tus jefes. Servirles a ellos es como servir a Dios. Dios aprueba la obediencia en todos sus aspectos. Los siguientes versículos hablan de la obediencia a nuestros líderes espirituales y los que nos gobiernan.

Hebreos 13:17

"Obedezcan a sus líderes espirituales y hagan lo que ellos dicen. Su tarea es cuidar el alma de ustedes y tienen que rendir cuentas a Dios. Denles motivos para que la hagan con alegría y no con dolor." (NTV)

Tito 3:1

"Recuérdales a los creyentes que se sometan al gobierno y a sus funcionarios. Tienen que ser obedientes, siempre dispuestos a hacer lo que es bueno." (NTV)

Jesús mismo es obediente

Juan 6:38

"Pues he descendido del cielo para hacer la voluntad de Dios, quien me envió, no para hacer mi propia voluntad."

Mateo 26:39

"Él se adelantó un poco más y se inclinó rostro en tierra mientras oraba: «¡Padre mío! Si es posible, que pase de mí esta copa de sufrimiento. Sin embargo, quiero que se haga tu voluntad, no la mía»."

Hebreos 5:8

"Aunque era Hijo de Dios, Jesús aprendió obediencia por las cosas que sufrió." (NTV)

Filipenses 2:8

"...y estando en la condición de hombre, Jesús se humilló a sí mismo, haciéndose obediente hasta la muerte, y muerte de cruz."

- Jesús se humilló
- Jesús fue obediente
- Jesús se negó a sí mismo e hizo la voluntad del Padre

Jesús no deseaba morir, y menos una muerta tan horrible pero por amor al Padre quiso agradarle y hacer lo que era necesario.

No podemos entender todo lo que significa obedecer y la importancia de obedecer pero si Jesús mismo tuvo que ser obediente al Padre, nosotros también debemos hacer lo mismo.

El espíritu de obediencia es humilde y como un niño, que depende del padre o madre.

No es que Dios es un Dios severo y déspota y nos obliga a obedecer; no, la decisión de obedecer la tomo yo. Jesús no fue obligado a morir. Él decidió por su propia voluntad que lo iba a hacer.

La obediencia es una actitud. Tú tomas la decisión de obedecer o no.

Yo no le hago ningún favor a Dios cuando obedezco...me hago el favor a mí mismo. Cada vez que obedezco se abre una puerta a una bendición. Mi obediencia tiene una consecuencia, y es que Dios puede derramar Sus bendiciones.

Rebeldía

Si amamos a Dios vamos a querer agradarle y hacer lo que Él quiere. No podemos decir que amamos a Dios si no estamos dispuestos a obedecerle.

Cuando nuestro corazón se pone en contra de obedecer se llama rebeldía.

La rebeldía fue el pecado de Satanás en el cielo. No quiso obedecer a Dios y se creía mayor que Él. Por eso la Biblia nos advierte que seamos humildes. Lo opuesto es la soberbia y el orgullo. Cuando hay soberbia hay un muro entre tú y Dios.

Dios no puede penetrar ese muro de orgullo porque tú lo pusiste. La rebeldía es orgullo. La rebeldía se levanta con fuerza y no hay humildad. Y de la misma manera te aleja de Dios.

Mateo 16:24

"Entonces Jesús dijo a sus discípulos: Si alguno quiere venir en pos de mí, niéguese a sí mismo, y tome su cruz, y sígame."

El cristiano dice no a sí mismo y dice: Señor, ¿qué quieres que haga?

Cuando estamos dispuestos a decir no a nuestros propios deseos, nuestro espíritu interior se hace fuerte. Déjate llevar por Dios. Deja que Él te guíe.

El aspecto personal de la obediencia

Dios tiene un plan para cada uno - ese plan es muy diferente para cada persona. Tú eres único y el plan que Dios tiene para tu vida no le sirve para otra persona.

Por eso no tiene sentido que yo quiera ser como otra persona. Tal vez nos gusta como canta una persona, o como predica y dices: O, si pudiera cantar así...O, si pudiera predicar así.

Pero si no tienes esos dones tienes otros y no te vale de nada querer ser otra persona con otro llamado.

El plan de Dios no es difícil. Él nos conoce y no nos pedirá hacer algo que no podremos lograr, aunque siempre nos pedirá que nos esforcemos para ir más alto.

Dios sabe lo que da a cada persona y es nuestro deber ser obediente a ese llamado, obediente a lo que Dios eligió para mí.

En el Cielo la recompensa no es mayor por lo mucho que hiciste. La recompensa recibes si fuiste obediente en hacer lo que se te pidió.

No te esfuerces por hacer lo que Dios no te pide hacer. Pero sí procura terminar la obra que Él te ha encomendado.

La llave a la grandeza es sencillamente ser fiel a todo lo que Dios te pide hacer, sea poco o mucho.

Hay personas que son llamadas a hacer mucho y hay otras que Dios sólo les pide hacer ciertas cosas.

(No estoy hablando de cosas en general que todos estamos llamados a hacer, por ejemplo todos estamos llamados a evangelizar, todos debemos hacer el bien y ayudar a otros.)

La obediencia es un regalo que todos podemos darle a Dios.

A veces lo que Dios nos encomienda hacer no parece muy importante pero para Dios nada es sin importancia, nada es demasiado pequeño.

Hay grandes recompensas por la fidelidad y la obediencia y te sorprenderás cuán grandes son las recompensas por las cosas más pequeñas que hacemos.

El cristiano que ama a Dios preguntará ¿cuál es Tu voluntad? ¿Qué quieres que haga?

Cuando Dios ve que somos obedientes en las cosas pequeñas, nos dará cosas mayores para hacer.

La obediencia es una protección

La obediencia es una cobertura que nos protege contra las artimañas de Satanás. La desobediencia nos deja expuesto a las acechanzas del diablo quien nos robará nuestras bendiciones y nos deja expuesto a la enfermedad etc.

Cuando desobedecemos, salimos de esa cobertura de Dios.

Exodo 15:26

"Les dijo: «Si ustedes escuchan atentamente la voz del Señor su Dios y hacen lo que es correcto ante sus ojos, <u>obedeciendo sus mandatos y cumpliendo todos sus decretos,</u>..."

La consecuencia será:

"...entonces no les enviaré ninguna de las enfermedades que envié a los egipcios; porque yo soy el Señor, quien los sana»."
(NTV)

Dios nos da leyes para que nos vaya bien. Él sabe más que nosotros. Él sabe lo que nos conviene. Como padres, ¿les dejamos hacer cualquier cosa a los niños? No. Porque conocemos las consecuencias y sabemos lo que no les conviene.

Por ejemplo, no dejarías que tu hijo pequeño toque una cacerola caliente. El niño no sabe que está caliente pero tú sí entiendes que se puede quemar.

De la misma manera. Dios sabe más que nosotros y porque nos ama ha puesto leyes. Las leyes son para nuestro bien.

Deuteronomio 4:32-40

Moisés aquí da una exhortación a la obediencia al pueblo. Están por entrar a la tierra prometida y es necesario poner las cosas en claro.

"Averigüen lo sucedido en épocas pasadas desde cuando Dios creó a Adán en la tierra; busquen en todo el mundo de un lado a otro. ¿Ha sucedido alguna vez algo tan grandioso como esto? ¿Se ha oído hablar antes de algo como esto? ¿Alguna nación ha escuchado la voz de Dios hablándoles desde el fuego, así como ustedes la escucharon y siguieron vivos? ¿Algún otro dios ha tratado de ir y tomar una nación para sí de otra nación, por medio de obras maravillosas, señales y milagros, guerra, gran

poder y fuerza, y grandes hechos aterradores, como todos los que el Señor tu Dios hizo por ti en Egipto ante tus ojos?

A ti se te mostró todo eso para que supieras que el Señor es el verdadero Dios. No hay ningún otro Dios aparte de él.

Te corrigió haciendo que escucharas su voz desde el cielo, y en la tierra te mostró su fuego grandioso y oíste sus palabras que salen del fuego. Él mismo con gran poder te sacó de Egipto porque amó a tus antepasados y eligió a su descendencia. Su intención era expulsar a otras naciones más fuertes y más poderosas que tú, y darte a ti las tierras de ellos como tu propiedad, como sucede hoy en día.

Así que reconoce hoy y grábate en la mente que el Señor es el verdadero Dios en el cielo y en la tierra. No hay ningún otro. <u>Obedece sus leyes y sus mandamientos</u> que hoy te ordeno para que tú y tus hijos <u>prosperen, y para que vivan mucho tiempo</u> en la tierra que el Señor tu Dios te da para siempre." (PDT)

Este pasaje es maravilloso. Espero que le hayas prestado atención. Habla de la grandeza de Dios y Su cuidado por Su amado pueblo. Ha hecho por Su pueblo cosas sobrenaturales. Lee nuevamente y fíjate en cada cosa detallada. Lo único que pide Dios a cambio es la obediencia a Sus mandatos y esto pensando en el bien del pueblo.

La obediencia es el camino a la prosperidad y a larga vida. ¡Cuánta bondad de parte de nuestro Dios que nos ama tanto! ¡Nos quiere prosperar en todo! ¡La obediencia es para nuestro propio bien! Obedezcamos para que nos vaya bien.

NUESTRA LUCHA CONTRA EL ENEMIGO

Luchar significa batallar, venir en contra de algo para derribarlo.

Batallar no es quedarse quieto. Batallar no es hacer nada. Batallar significa hacer algo.

Es muy cómodo quedarse quieto y tranquilo en la casa pero así no se logra nada. El soldado que va al frente tiene que salir de la comodidad de su casa e ir lejos de todo lo que él ama y enfrentarse con el peligro constante.

Dios no quiere que Sus hijos se acomoden, muy tranquilos, escondidos en su casa. Él nos advierte: ya que somos cristianos, estamos en medio de una lucha y si queremos vivir mejor tenemos que tomar las armas que Él nos ha dado y así no solo podremos hacer frente al enemigo sino que podremos tener la victoria siempre.

Hay armas que son espirituales – armas que no son tangibles - y hay armas físicas.

La lucha

I Pedro 5:8

"¡Estén alerta! Cuídense de su gran enemigo, el diablo, porque anda al acecho como un león rugiente, buscando a quién devorar." (NTV)

Efesios 6:12

"Porque no luchamos contra gente como nosotros, sino contra espíritus malvados que actúan en el cielo. Ellos imponen su autoridad y su poder en el mundo actual." (TLA)

Nuestras armas espirituales

Efesios 6:13-18 menciona varias de las armas espirituales que están a nuestra disposición.

"Por lo tanto, ¡protéjanse con la armadura completa! Así, cuando llegue el día malo, podrán resistir los ataques del enemigo y se mantendrán firmes hasta el fin. (13)

¡Manténganse alerta! Que la verdad y la justicia de Dios los vistan y protejan como una armadura. (14)

Compartan la buena noticia de la paz; ¡estén siempre listos a anunciarla! (15)

Que su confianza en Dios los proteja como un escudo, y apague las flechas encendidas que arroja el diablo. (16)

Que la salvación los proteja como un casco, y que los defienda la palabra de Dios, que es la espada del Espíritu Santo. (17)

No se olviden de orar. Y siempre que oren a Dios, dejen que los dirija el Espíritu Santo. Manténganse en estado de alerta, y no se den por vencidos. En sus oraciones, pidan siempre por todos los que forman parte del pueblo de Dios." (18) (TLA)

El versículo 13 dice que debemos protegernos con <u>todas</u> las armas. ¿Cuáles son todas las armas? Veamos cuáles son según el pasaje de Efesios.

> 1. La verdad y la justicia de Dios, v.14. Es muy importante que nuestra vida sea cimentada en la verdad.

> I Juan 1:5,6

> *"Jesucristo nos enseñó que Dios es luz, y que donde Dios está no hay oscuridad. Éste es el mensaje que ahora les anunciamos.*

> *Si decimos que somos amigos de Dios y, al mismo tiempo, vivimos pecando, entonces resultamos ser unos mentirosos que no obedecen a Dios."* (TLA)

Dios está en la luz y nosotros debemos movernos en la luz también. No podemos tener un pie en la luz y otro en las tinieblas.

El pecado nos saca de la luz – abre una puerta para que el enemigo tenga derecho de actuar sobre nosotros y así alejarnos de las cosas de Dios.

Vivimos seguros cuando sabemos que nuestra vida está completamente en la luz, en la verdad. Esta es nuestra mejor armadura. Si estamos en la verdad, el diablo no tiene por donde tocarnos.

Con Dios es todo o nada....un poquito de las tinieblas en tu vida...solo un poquito, ya es suficiente para que el enemigo tenga una entrada en tu vida y eso no te conviene. Las consecuencias no son nada agradables.

Tenemos que andar en la luz y así todo nos irá bien. ¡Pongámonos las armas de la luz!

El v.14 habla de <u>vestirnos</u> de la verdad. Nos ponemos la verdad como si fuera una vestimenta. Esa vestimenta cubre nuestra desnudez y nos protege.

Romanos 13:12 dice algo parecido:

"... el día de la salvación amanecerá pronto. Por eso, dejen de lado sus actos oscuros como si se quitaran ropa sucia, y <u>pónganse la armadura resplandeciente de la vida recta.</u>" (NTV)

Otra versión lo expresa de esta manera: *"...<u>revistámonos de luz</u>, como un soldado se reviste de su armadura."* (DHH)

Y otra: "...<u>equipémonos con las armas de la luz.</u>" (BLP)

Veamos el pasaje entero:

"¡Ya casi llega el momento! Así que dejemos de pecar, porque pecar es como vivir en la oscuridad. Hagamos el bien, que es como vivir en la luz.

Controlemos nuestros deseos de hacer lo malo, y comportémonos correctamente, como si todo el tiempo anduviéramos a plena luz del día.

No vayamos a fiestas donde haya desórdenes, ni nos emborrachemos, ni seamos vulgares, ni tengamos ninguna clase de vicios. No busquemos pelea ni seamos celosos. Más bien, dejemos que Jesucristo nos proteja."
Romanos 13:12-14 (TLA)

<u>Nuestra mejor arma es vivir rectamente en la luz de Dios</u> para que ningún mal nos pueda dañar.

2. Compartir el evangelio es un arma - te hace fuerte. El diablo no soporta esto.

3. La salvación – como un casco v.17 - te ayuda a apagar las flechas encendidas que arroja el diablo. v.16

4. La Palabra de Dios nos defiende y es como una espada, v.17. Jesús mismo venció al diablo con la Palabra escrita. Aquí vemos la importancia de conocer la Palabra de Dios. No podremos usarla como arma si no la leemos y la conocemos. Si tú, como soldado de Cristo, no tienes tu espada, estás en peligro de ser derrotado.

5. La oración – nos mantiene en comunicación con Dios y toda Su fuerza espiritual.

6. La Sangre de Jesucristo – es un arma poderosísima porque por medio de ella Jesús ha pagado el precio de nuestra libertad y nuestro acceso al reino espiritual y a Dios. La Sangre de Jesús nos hace libre de toda atadura del reino de las tinieblas. Todas esas cosas en nuestra antigua manera de vivir que nos ataban y nos llevaban a cometer pecado y cosas que no agradan a Dios, quedan anuladas cuando pedimos que la Sangre de Jesús nos cubra.

El diablo odia la Sangre de Jesús porque es la señal de que él ha perdido y ha sido vencido. El diablo no puede luchar contra la Sangre de Jesús. Es lo máximo, y le pone un límite donde él no puede pasar.

Se acuerdan cuando los israelitas se alistaban para salir de Egipto y dejar de ser esclavos. Esa última noche en Egipto comieron una cena especial y marcaron sus puertas con la sangre de un cordero. Esa sangre impidió que la muerte tocara sus casas. Esto es un símbolo de lo que Jesús ha hecho por nosotros. Nos ha librado de la muerte.

7. La Cena del Señor es un recordatorio de la victoria de Jesús. Al tomar de la Cena, recordamos el precio que pagó. Recordamos al diablo que está vencido y recordamos el pacto que tenemos con Dios – Él promete ser Padre para nosotros y nosotros le prometemos ser hijos obedientes.

8. El ayuno – Jesús dijo que algunas peticiones no pueden ser contestadas a menos que vayan acompañado por el sacrificio del ayuno. El ayuno es una manera de poner más fuerza a la oración y ponerle trabas al diablo quien quiere poner obstáculos a las respuestas que nos lleguen.

9. La alabanza "¡Que mis labios alaben al Señor! ¡Qué todos bendigan su santo nombre, ahora y siempre." Salmo 145:21

La alabanza saca nuestros ojos del problema y nos hace enfocar en el poderoso Dios. Dejamos de ver lo 'imposible' de la situación para ver las cosas del punto de vista de Dios con quien todo es posible.

Lo opuesto de alabar es quejarse o echar culpas. Cuando dejamos de alabar es tan fácil culpar a Dios por todos nuestros problemas, y hasta llegar a enfadarnos con Él. Es más fácil quejarnos que alabar a Dios.

La alabanza es una de las armas más poderosas. La alabanza suelta en el ambiente el Señorío de Dios, Su grandeza y majestad. Si hay algo que el enemigo odia es justamente eso.

Aún si simplemente mencionas el nombre de Jesús, si viene de un corazón que está lleno de gratitud, tiene gran poder.

10. El Nombre de Jesús

"Por lo tanto, Dios lo elevó al lugar de máximo honor y le dio el nombre que está por encima de todos los demás nombres para que, ante el nombre de Jesús, se doble toda rodilla en el cielo y en la tierra y debajo de la tierra, y todos confiesen que Jesucristo es el Señor para la gloria de Dios Padre." Filipenses 2:9-11.

Esa autoridad que tiene Jesús la tenemos nosotros. Dios nos da autoridad para lograr Su voluntad cuando lo hacemos en el Nombre de Su hijo, Jesús.

Oramos en el nombre de Jesús porque Él mismo nos enseñó que debíamos orar al Padre en Su nombre.

Luchar con elementos físicos

En las reuniones de iglesia podemos batallar colectivamente. Aquí batallar sería hacer lo puesto a lo que el diablo quisiera. El diablo siempre querrá poner obstáculos en nuestra adoración a Dios y poner trabas, por ejemplo, distracciones, a que sintamos la Presencia y obra de Dios.

Podemos usar elementos físicos para soltar la presencia de Dios y que fluya el Espíritu Santo. Para ello nuestra vida debe estar limpia delante del Señor y debemos estar dispuestos a ser guiado por el Espíritu. De lo contrario estamos en peligro de lograr lo opuesto. Si no somos guiados por el Espíritu Santo es nuestra carne que quiere lucirse.

Hablamos de batallar pero la batalla o lucha es espiritual así que no significa que estamos usando violencia. La alabanza y la danza son armas para batallar contra las huestes del mal para traer la Presencia de Dios y son elementos bellos y emocionantes.

Algunos elementos físicos de batalla:

- la danza
- el shofar, o cuerno
- las banderas
- diezmar
- alzar las manos
- el grito o clamor

Piensa lo que quiere lograr el diablo y haz lo opuesto.

Dios usa estos elementos físicos cuando Él quiere y cómo Él quiere. Por eso es necesario estar en el Espíritu para hacer lo que Dios quiere y en el momento preciso para que la acción que realizamos tenga la unción de Dios y como consecuencia produzca algo grande.

Lo que hacemos en la carne, es decir, por nuestra propia voluntad, no produce nada, pero cuando viene por iniciativa de Dios, produce grandes cosas.

A veces Dios usa un elemento colectivamente – todos sentimos lo mismo – el grito o clamor.

Y a veces Dios lo impulsa como un eslabón de una cadena – una persona sentirá hacer algo, otra persona sentirá hacer algo diferente y otra, otra cosa.

En este caso, es muy importante ser obediente a lo que el Espíritu está impulsando. Por ejemplo, la primera persona está batallando en la danza, el próximo siente el grito, otro siente hacer sonar el shofar, luego otro puede sentir levantar una bandera o aplaudir etc. Dios tiene una secuencia de elementos para llevarnos cada vez más alto en Su presencia o gloria.

Pero ¿qué sucede si uno de esos eslabones no se anima, es desobediente y no hace lo que el Espíritu Santo le impulsa? En su mente está pensando: "¡o qué dirán!" - "¡se reirán de mí!" - "¡Quién soy yo para hacer eso!" "¡Yo no soy nadie para que Dios me hable!" etc.

¿Qué pasa si cortamos el eslabón? Exacto, todo se cortó. Puede que Dios le impulse a otra persona pero no obliga. La decisión está en nosotros de ser obedientes o no.

Somos un equipo y somos todos privilegiados de escuchar la voz de Dios. Dios nos ve a todos igual. La diferencia es que algunos tienen más responsabilidad que otros, pero todos podemos ser usados por Dios, y así Él lo quiere.

Dios nos quiere usar como equipo, así que proponte no ser el eslabón que corta la presencia de Dios. Debes desear escuchar la voz del Espíritu. Déjate llevar por el Espíritu Santo y proponte escuchar Su voz.

Cuando todos sentimos lo mismo, veremos aún más grandes cosas de parte de Dios en las reuniones. No hace falta saber para qué. Sólo es necesario ser obediente; lo demás es cosa del Espíritu Santo.

Conclusión

Judas 24,25

"Dios es capaz de cuidarnos para que no caigamos, y puede también hacernos entrar a su presencia gloriosa con gran alegría y sin falta alguna.

Él es el único Dios y Salvador nuestro. A él sea la gloria, la grandeza, el poder y la autoridad por Jesucristo nuestro Señor, antes, ahora y siempre. Así sea." (PDT)

Dios nos ha dado todas las armas que necesitamos para nuestra lucha espiritual contra el enemigo, el diablo. Nos toca a nosotros levantarnos y usarlas. Nos toca a nosotros tomar la posición de agresor porque el diablo ¡ya está vencido!

A Dios sea la gloria porque en Él tenemos la victoria siempre.

CANTAR DE LOS CANTARES

"¡Encontré el amor de mi vida!
Lo abracé con fuerza y no quise soltarlo."

¿En qué libro crees poder encontrar esas frases? No, no es de ninguna novela romántica. Viene de la Biblia, más específicamente en Cantar de los Cantares 3:4 (PDT)

Mira esta frase:

"Bésame, una y otra vez, porque tu amor es más dulce que el vino."

Parece ser una frase de una novela romántica pero es de Cantares 1:2 (NTV)

Muchos desconocen la historia de amor de Cantares. Tienen miedo de leerlo. Hay un miedo insensato a leer algo romántico. Tal vez porque piensan que Dios no está en el tema del romanticismo y ese tipo de amor.

Se equivocan porque Dios es amor y Él es el inventor de todo lo bueno. Es el inventor de todo romance. Él es el inventor de las relaciones entre las personas y aún las relaciones entre el matrimonio y la relación sexual.

¿Te gustan esos versículos de Cantares? ¿No te encantaría escucharlo de la voz de tu amado o amada? ¡Claro que sí! Somos personas afectivas y necesitamos muestra de cariño.

Lo que Dios ha creado es bueno. Muy bueno.

Dios hizo al hombre diferente a la mujer para que se atraigan. Dios inventó la relación sexual entre el hombre y la mujer. Lo hizo para que sea una relación placentera y buena.

Sabemos que el diablo toma lo que Dios ha creado y lo tergiversa. Lo cambia para que sea malo y sucio. Y porque vemos, en la televisión, en las películas y series, muchísimas maneras en que el cuerpo es usado de una mala manera, pensamos que el sexo es malo y sucio.

La relación sexual dentro del matrimonio es bendecida por Dios. Pero Él no lo diseñó que sea así fuera del matrimonio porque no trae bendición sino muchas desgracias.

Podemos pensar en muchas maneras en que el sexo no se emplea bien y podemos decir que es algo malo pero si usamos nuestro cuerpo, dentro de los designios de Dios, es algo puro, es algo santo, altamente sublime, bueno, agradable, y placentero porque lo que Dios hace es bueno y es para nuestro bien.

La relación sexual fue dada para nuestro deleite. En el Cielo no hay matrimonio y por lo tanto no tendremos ese tipo de relación. Pero si Dios nos ha dado deleites en la tierra, debe haber más deleites en el cielo - algo mucho, mucho mejor.

Por eso tanto los hombres como las mujeres pueden amar a Jesús y pueden amar a Dios de la misma manera. Es un amor diferente.

El libro poético

Según el primer versículo, Salomón es el autor del libro de Cantar de los Cantares. Según 1 Reyes 4:32 Salomón escribió 3000 proverbios y 1005 cantos.

Que el título "Cantar de los Cantares" sea en superlativo, denota que es el mejor, el más bello de todos los cantos.

¿Cuál es el propósito del libro?: El Cantar de los Cantares es un poema lírico escrito para enaltecer las excelencias del amor entre un hombre y una mujer para luego convertirse en esposos, según el designio de Dios. El poema presenta el amor del matrimonio, tanto física, emocional, y espiritualmente.

La poesía toma la forma de un diálogo entre un esposo (el rey) y su esposa, (la sulamita). Podemos dividir el libro en tres secciones:

- el cortejo (1:1 – 3:5);
- la boda (3:6 – 5:1);
- el matrimonio en su madurez (5:2 – 8:14).

Son 3 también los personajes: El Rey, la Sulamita y el Coro.

Un corto resumen

El cantar comienza antes que se haya efectuado la boda, mientras la futura novia sueña con estar con su prometido, anhelando sus caricias.

La sulamita describe así a su amado: Cantares 5:10-16

"Mi amado es muy guapo y tiene una hermosa piel canela.
Lo podría reconocer aunque estuviera entre diez mil
hombres.
Su cabeza brilla como el oro puro; su cabello es ondulado y
de color negro como el cuervo.
Sus ojos son tranquilos, como dos palomas junto a un
manantial; son limpios, bañados en leche, le quedan como
joyas.
Sus mejillas son suaves y fragantes, sus labios como claveles
perfumados.
Sus brazos son fuertes y hermosos como varas de oro
adornadas con piedras preciosas.
Su torso es como marfil liso, cubierto con zafiros.
Sus piernas son como columnas de mármol sobre bases de oro
puro.
Es alto como el más imponente de los cedros del Líbano.
Sus labios son los más dulces de todos y es el hombre más
deseado.
Así es mi amado, hijas de Jerusalén, así es mi amigo." (PDT)

Sin embargo, ella aconseja no apresurar el amor y dejar que se desarrolle naturalmente, a su tiempo. Este es un buen consejo para hoy en día ya que está de moda saltar la etapa del noviazgo y comenzar a vivir juntos muy rápidamente.

"...que no despertarán al amor hasta que llegue el momento apropiado." 2:7 y 3:5

El rey alaba así la belleza de la sulamita: Cantares 4:1-11

"Qué bella eres, amada mía, eres realmente muy hermosa.
Tus ojos parecen dos palomas detrás de tu velo.
Tu cabello es largo y ondulado;
Tus labios y tu boca son hermosos, como una cinta escarlata.
Tus mejillas bajo tu velo parecen cortes de granada.
Tus pechos son como dos ciervos gemelos que se alimentan entre las flores de primavera.
Subiré a esas montañas perfumadas con incienso y mirra mientras el día respira una brisa fresca y las sombras se alargan.
Amada mía, ¡todo en ti es hermoso! No hay en ti ningún defecto.
Amada mía, me has robado el corazón; me lo has robado con una sola de tus miradas, con una sola de las perlas de tu collar.
Amada mía, ¡tu amor es maravilloso!
Es más dulce que el vino.
¡El olor de tu piel es mucho mejor que el de cualquier otra fragancia exquisita!
Novia mía, tus labios saben a miel; hay leche y miel bajo tu lengua.
¡Y la fragancia de tus vestidos es tan dulce y fresca!" (PDT)

Estamos leyendo en la Biblia... recuerda que es el relato de un amor puro y bueno.

La sulamita tiene un sueño en el cual ella pierde a su amado y no lo encuentra, aunque lo busca por toda la ciudad. Pide ayuda a los guardias de la ciudad, y al encontrarlo, se aferra a él, llevándolo a un lugar seguro. Al despertar, nuevamente repite su consejo de no apresurar el amor.

En la noche de bodas, el esposo es cautivado por la esposa, y en un lenguaje altamente simbólico, la esposa invita a su esposo a participar de todo lo que ella tiene que ofrecer. Ellos se unen en amor.

Mientras el matrimonio va madurando, pasan por un tiempo difícil, simbolizado en otro sueño en la cual la sulamita menosprecia a su esposo, y él se va. Ella, angustiada por la culpa, lo busca por la ciudad; pero en este sueño, los guardias, en lugar de ayudarla, la golpean – simbolismo de su conciencia afligida. Al final los esposos se reúnen y se reconcilian.

Al finalizar el canto vemos que el matrimonio está seguro y confiado en su amor. Sus votos de amor eterno son celebres y muy bellos.

El rey afirma su amor con las siguientes palabras: Cantares 8:6,7 *"Ponme como un sello sobre tu corazón, como una marca sobre tu brazo; Porque fuerte es como la muerte el amor; Duros como el Seól los celos; Sus brasas, brasas de fuego, fuerte llama.*

Las muchas aguas no podrán apagar el amor, Ni lo ahogarán los ríos. Si diese el hombre todos los bienes de su casa por este amor, De cierto lo menospreciarían."

Estas son palabras para recordar...el amor es muy fuerte y cuando Dios está de por medio, nadie lo puede apagar.

Hoy en día la definición de matrimonio no está clara y a medida que pasa el tiempo se aleja más y más de los preceptos de Dios. Según el poeta bíblico, el matrimonio es un deleite, y se goza mucho. Y aunque no significa que el matrimonio sea sin contratiempos, no obstante, el amor hace que sea una relación estable y duradera, por la cual vale la pena luchar para mantener.

Referencias Proféticas

Muchos intérpretes de la Biblia, ven en el Cantar de los Cantares, una exacta representación simbólica de Cristo y

Su iglesia. El rey representa a Cristo y la sulamita representa a la iglesia.

Por lo tanto hay un paralelo en el libro – por una parte una representación literal del matrimonio y por otra parte la relación íntima entre la iglesia y su Rey, el Señor Jesucristo.

El Cantar de los Cantares 2:4 describe la experiencia de cada creyente que es atraído por el Señor Jesús.

La iglesia dice: *"Me llevó a la casa del banquete, y su bandera sobre mi fue amor."*

Podemos decir que la casa de banquete es un lugar de gran riqueza espiritual y allí el Señor nos cubre con Su amor.

La iglesia, la novia de Cristo también dice en 2:16: *"Mi amado es mío, y yo suya; Él apacienta entre lirios."*

Aquí hay un cuadro no solo de la seguridad del creyente en Cristo sino del Buen Pastor quien conoce a Sus ovejas –los creyentes - y da Su vida por ellos.

Un amor completo

En Cantares 5:2 la sulamita dice:

"Yo dormía, pero mi corazón velaba. Es la voz de mi amado que llama: Ábreme,

- *hermana mía,*
- *amiga mía,*
- *paloma mía,*
- *perfecta mía (mi amada perfecta)".*

En este solo versículo podemos ver diferentes clases de amores, cuatro para ser exacto.

- Hermana – el amor de hermanos
- Amiga – el amor entre amigos
- Paloma mía – el amor de enamorados
- Perfecta mía – el amor de esposos. Perfecta significa completa, puro, unidos, acoplados. Un amor perfecto y completo.

En Jesús se cumplen todos los tipos de amor porque Él es amor. Él es nuestro hermano, y también es nuestro amigo. Jesús es nuestro enamorado y también es nuestro amor perfecto porque nos conoce mejor que nosotros mismos y nunca nos va a fallar.

En Jesús, cada ser humano es completo. No hace falta una relación sexual porque ya somos completos en Él. La relación sexual en la tierra ha sido instituida para completar el amor de un matrimonio. Jesús es nuestro esposo y nos hace completos. La relación sexual no hará falta en el Cielo porque allí el amor ya es completo y perfecto.

A través del libro veremos continuamente, en un solo versículo, el uso de dos o más calificaciones como vemos en 5:2. Por ejemplo 4:10:

"¡Cuán hermosos son tus amores, hermana, esposa mía!"

Es llamativo porque el esposo tiene el amor de una esposa, pero no la considera una hermana, lo cual sería ilícito. No obstante, en Jesús sí se cumplen todas las clases de amor.

La novia

En 4:12 el Rey se expresa así:

"Amada mía, novia mía, eres tan pura como un jardín en el que nadie ha entrado; como un manantial que nadie ha tocado." (PDT)

Otra versión lo rinde así:

"Tú eres mi jardín privado, tesoro mío, esposa mía, un manantial apartado, una fuente escondida." (NTV)

Hay algo muy especial cuando el hombre y la mujer se guardan para aquel que será su cónyuge. La relación íntima de esposos se eleva al nivel puro con el cual fue diseñada por su Creador. La virginidad es el mayor regalo que le damos a nuestro amado en la noche de bodas.

También este versículo se puede interpretar que el esposo es el único que realmente conoce a su esposa. Nadie la ve como él la ve.

Otra versión habla de la amada como "jardín cerrado" – ella es sólo para el esposo quién es el único que ve todas las cosas bellas que posee.

Jesús se sienta en ese jardín cerrado y se deleite pues Él es el único que realmente nos conoce por dentro. Él puede ver cosas bellas en nosotros que nadie más ve y somos preciosos para Él. Sigue leyendo el pasaje para descubrir los aromas y especies que le deleitan en nuestro jardín. Te puedes considerar insignificante pero Jesús nos ve como un hermoso jardín, reservado para Él solo, lleno de bellezas ocultas a los demás. Toma tiempo para entablar esa relación preciosa con tu Amado.

El amado dice en Cantares 4:7 *"Toda tú eres hermosa, amiga mía, y en ti no hay mancha."*

Por Él, ya no estamos manchados por el pecado, habiendo quitado nuestras "manchas" con Su sangre.

"Maridos, amad a vuestras mujeres, así como Cristo amó a la iglesia, y se entregó a sí mismo por ella, a fin de presentársela a sí mismo, una iglesia gloriosa, que no tuviese mancha ni arruga ni cosa semejante, sino que fuese santa y sin mancha."
Efesios 5:27

Bob Sorge dice lo siguiente:

> "No podemos entender cuánto nos ama Dios. Jesús contempla Su amada, hombre y mujer, Su iglesia con ojos encendido de amor. Su amor arde hacia nosotros con gran celo. Anhela nuestros afectos exclusivos y por un amor que iguala la de Él."

Así describe el Rey a su amada en Cantares 6:4 y 10

"Amada mía, eres tan hermosa como Tirsa, encantadora como Jerusalén,
imponente como un ejército con las banderas al viento.
¿Quién es esa, que se levanta como la aurora,
tan hermosa como la luna, tan resplandeciente como el sol,
tan majestuosa como un ejército con sus estandartes desplegados al viento?" (PDT)

La amada es muy bella pero también es majestuosa e imponente – una guerrera.

La amada, la iglesia, tiene la belleza de la aurora pero a la vez es imponente y majestuosa como un ejército con todas sus banderas flameando para que todos lo vean. La iglesia es hermosa para el Amado pero a la vez es fuerte; es una guerrera.

Las banderas son señal de fuerza y de victoria y así cuando levantamos banderas en la iglesia estamos exhibiendo el triunfo de Cristo, Su victoria y Su poder y estamos uniéndonos a Su ejército para derribar las fuerzas del mal.

También es una imagen de la iglesia, sumisa a la voluntad de Dios pero que se levanta en batalla contra las fuerzas del mal. El enemigo odia las banderas porque señalan su derrota.

El novio

En Cantares 8:13-14 el Rey le dice a su amada:

*"Amada mía, tú que te entretienes en los jardines,
tus compañeros tienen la dicha de oír tu voz.
¡Déjame oírla también!"* (NTV)

Jesús nos dice: hablas mucho con los demás pero no hablas conmigo....ven, habla conmigo, quiero escuchar tu voz.

La amada le contesta:

*"¡Apresúrate, amado mío!
¡Corre como venado, como cervato, por entre las fragantes montañas!"*

A Jesús le decimos: "Ven, amado" porque deseamos estar con Él.

La Iglesia también dice lo mismo según Apocalipsis 22:17:

"El Espíritu de Dios y la esposa del Cordero dicen: «¡Ven, Señor Jesús!» (TLA)

Y el amado responde: *"Sí, estoy a punto de llegar."* (BLP)

Se escucha nuestra respuesta:

¡Amén! ¡Ven, Señor Jesús!

Estimado Lector

Nos interesa mucho tus comentarios y opiniones sobre esta obra. Por favor ayúdanos comentando sobre este libro. Puedes hacerlo dejando una reseña en la tienda donde lo has adquirido.

Puedes también escribirnos por correo electrónico a la dirección info@editorialimagen.com

Si deseas más libros como éste puedes visitar el sitio de **Editorialimagen.com** para ver los nuevos títulos disponibles y aprovechar los descuentos y precios especiales que publicamos cada semana.

Allí mismo puedes contactarnos directamente si tienes dudas, preguntas o cualquier sugerencia. ¡Esperamos saber de ti!

Más Libros de la Autora

Conociendo más a la Persona del Espíritu Santo

La llenura del Espíritu Santo es una experiencia grandiosa. Todo cambia después de que el Espíritu lleva el timón. Que estas páginas te inspiren para iniciar tu propia búsqueda y que tengas la mayor aventura con nuestro Dios quien no tiene límites.

El Ayuno- una Cita con Dios.

Si buscas una unción especial para tu ministerio, tal vez el ayuno es la respuesta que necesitas. Aparte del enfoque espiritual también se describen los beneficios físicos, las diferentes maneras de ayunar, cómo romper un ayuno y otra información práctica.

Perlas de Sabiduría – Un devocional - 60 días descubriendo verdades en la Palabra de Dios

Las revelaciones de Dios son como perlas de gran valor que están escondidos hasta ser descubiertos. Dios se place en revelarnos Sus secretos. Descubra algunos de estos secretos de gran valor.

Promesas de Dios para Cada Día - Promesas de la Biblia para guiarte en tu necesidad

La Biblia está llena de las promesas y bendiciones de nuestro Padre Dios. Este libro te ayudará a conocerlos y te fortalecerán en tu fe. Las promesas están compilados según el tema.

Más Libros de Interés

Alabanza y Adoración - Cómo adorar a Dios Según la Biblia

Bases bíblicas para poder adorar a Dios. El propósito del libro es llevar a los lectores a un nivel de relación con Dios más profundo a través de la alabanza y la sincera adoración.

¿Podemos confiar en la Biblia? - Respuestas a las más inquietantes preguntas sobre la Biblia

¿Cómo llegamos a tener definitivamente la Biblia tal cual la poseemos hoy? ¿Es posible que tantos autores no se contradigan entre ellos? ¿Cuántas Biblias hay? ¿Es la Biblia inspirada por Dios?, etc.

Cómo hablar con Dios - Aprendiendo a orar paso a paso

A veces complicamos algo que nuestro Señor quiere que sea sencillo, es por esto que en este libro podrás encontrar detalladamente las respuestas a las preguntas: ¿Cómo debo orar? ¿Qué me garantiza que Dios me va a responder?

Liderazgo Cristiano - Herramientas esenciales para el líder de hoy

Esta carta, junto con 2 Timoteo y Tito pertenecen al grupo llamado "Epístolas pastorales", por ser dirigidas no a una Iglesia en primer lugar, sino a Pastores, a quienes se les recuerdan sus deberes y manera de conducirse como siervos de Dios.

Sanidad para el Alma Herida - Cómo sanar las heridas del corazón y confrontar los traumas para obtener verdadera libertad spiritual

Este es un libro teórico y práctico sobre sanidad interior. Nuestra enseñanza motiva la búsqueda de la sanidad para las mentes y espíritus de las almas sufridas y por qué no, atormentadas.

Una Ventana Abierta en el Cielo - Un comentario bíblico del Apocalipsis de San Juan

No hay dudas que nuestro planeta sufre los peores momentos. Ante una cada vez más intensa ola de desastres naturales y la presente realidad de una sociedad resquebrajada moralmente. Surgen las preguntas: ¿Hacia dónde se encamina la humanidad entera? ¿Tiene su historia un propósito? Este libro tiene las respuestas.

Ángeles en la Tierra - Historias reales de personas que han tenido experiencias sobrenaturales con un ángel.

Los ángeles son tan reales y la mayoría de las personas han tenido por lo menos una experiencia sobrenatural o inexplicable. Es inspirador leer los muchos testimonios.

www.ingramcontent.com/pod-product-compliance
Lightning Source LLC
LaVergne TN
LVHW011730060526
838200LV00051B/3113